AF469779

31 mars 1890

ANTIQUITÉS

ÉGYPTIENNES, GRECQUES ET ROMAINES

Collection de feu M. Raymond SABATIER

Prix du catalogue avec six planches : 8 francs.

PARIS
ALCAN-LÉVY, IMPRIMEUR BREVETÉ
24, rue Chauchat, 24

—

1890

COLLECTION DE FEU M. R. SABATIER

CATALOGUE

D'UNE COLLECTION

D'ANTIQUITÉS ÉGYPTIENNES, GRECQUES

ET ROMAINES

Rédigé par Monsieur Georges LEGRAIN

Elève diplômé de l'École du Louvre

DONT LA VENTE AUX ENCHÈRES PUBLIQUES

aura lieu Hôtel Drouot, Salle n° 3

Les Lundi 31 Mars, Mardi 1er Avril et les trois jours suivants

à deux heures précises

COMMISSAIRE-PRISEUR :

M. Paul CHEVALLIER

10, rue de la Grange-Batelière

EXPERTS :

MM. ROLLIN et FEUARDENT

4, rue de Londres

Même Maison à Londres :

10, Bloomsbury street

EXPOSITION PUBLIQUE

Le Samedi 31 Mars, de deux heures à six heures

PARIS

IMPRIMERIE ALCAN-LÉVY, 24, RUE CHAUCHAT

1890

CONDITIONS DE LA VENTE :

Elle sera faite au comptant.

Les adjudicataires paieront cinq pour cent en sus des enchères.

La collection que nous mettons en vente aujourd'hui a été formée, par un grand connaisseur à qui sa position exceptionnelle en Egypte permettait d'acquérir et de rapporter en France quantité de monuments des plus rares qu'on ne trouve dans aucune collection particulière, parmi lesquels on remarque des statues en matière précieuse d'une très grande dimension qu'on ne voit d'ordinaire que dans les principaux musées publics. La collection est d'ailleurs très connue. Il y a peu d'amateurs et de savants qui n'aient été admis à l'admirer à l'hôtel habité par M. Sabatier, où toujours ils recevaient le plus gracieux accueil.

Une pareille collection demandait une description scientifique et nous nous sommes assuré le bienveillant concours d'un jeune savant M. Georges Legrain, qui en a fait le catalogue avec tout le soin possible. Les descriptions, comme on le verra, sont aussi détaillées que le permettait un catalogue de vente, mais en outre M. Legrain a aussi rédigé pour ses études personnelles, un manuscrit fort important et nous croyons pouvoir promettre à l'avance qu'il en donnerait communication aux acquéreurs désireux d'avoir plus de détails que n'en comporte le catalogue; dans ce travail spécial une seule momie, nº 73, remplit près de 50 pages.

Comme d'habitude, nous suivrons autant que possible l'ordre des numéros indiqué dans le catalogue, nous ne ferons de réserve que pour quelques pièces très importantes qui seront vendues chaque jour, de trois à quatre heures, mais toujours dans l'ordre numérique de la vacation.

Nous n'avons qu'un regret, c'est que les planches qui figurent seulement dans quelques exemplaires du catalogue soient si mal réussies ; on a été obligé, vu le poids énorme de ces grands monuments, de les photographier dans un magasin très mal éclairé, leur transport dans un endroit en pleine lumière aurait été trop coûteux et très difficile.

R. et F.

ANTIQUITÉS ÉGYPTIENNES

MONUMENTS HISTORIQUES

Nous avons réuni dans cette série les monuments portant des cartouches ou des insignes royaux. Sous le N° 2 nous avons catalogué un monument relatif à un fils royal (1).

GRANDS MONUMENTS

1. — Statue d'Anubis : Basalte noir. Haut. 1m57. Le dieu, à corps humain et à tête de chacal, est assis, les mains posées sur les genoux. De sa main droite, fermée, il tient le signe *ankh*.

Inscriptions : Sur le côté droit du siège : Le Dieu bon Ra-ma-neb, aimé d'Anubis dans le quartier du sud, donne la vie. » Sur le côté gauche : « Le fils du soleil (le cartouche est martelé), aimé d'Anubis dans le quartier du sud, donne la vie. »

Cette statue date donc du règne d'Aménophis III (XVIIIe dynastie). Ce roi est le Memnon des Grecs, celui qui fit construire les deux colosses célèbres — dont un chantait au lever du soleil (2). — Aménophis III était fils de Touthmès IV.

Très belle statue, dont quelques parties sont restaurées; le martelage du cartouche dut avoir lieu sous Aménophis IV, le roi hérétique.

2. — Groupe granit noir : Un homme, vêtu d'une tunique croisant sur les épaules, la main droite fermée sur le ventre, la main gauche étendue sur la poitrine, est assis à côté de sa mère. Elle a la main gauche sur le genou, et la main droite derrière l'épaule droite de son fils. Très beau groupe, parfaitement conservé. Style saïte. Hauteur. 1m10.

Inscriptions :

1° Au milieu du siège : « Le ministre, un des smers, chef des

---

(1) On pourrait encore joindre à cette série le sarcophage n° 71.

(2) Cf. Strabon L. XVII. Ch. 46.

mystères dans Ha-uer, deuxième prophète d'Amon-Ra, Ahmès, véridique. »

2° Sur la robe de l'homme : « L'*erpa ha*, ministre... Ahmès, véridique. »

3° A droite du siège : « Celui qui est sous la dépendance d'Amon, dans les Aptu, le 2e prophète d'Amon, Ahmès, makhérou. »

4° Sur le côté droit du siège : « 1. Proscynème à Amon-Ra-neb-nas-toui et au grand Paut des dieux au cœur des Aptu. — 2. Qu'ils donnent les aliments funéraires, les *hotepu*, les *djefau*, les libations, le vin, — 3. le lait ; de respirer l'encens, le parfum *anta* sur l'autel (?)... — 4. Des aliments purs à leur apparition sur l'autel — 5. d'Amon-Ra, au *Ka* de l'*erpa ha*, chef des mystères dans les Aptu. — 6. Entre au ciel, vois tous les vénérés, Dieu régisseur des deux trônes! purifie tes mains! Il chante, — 7. le maître de la parole dans le grand temple, le 2e prophète d'Amon, Ahmès. »

5° Sur le côté droit du siège : « 1. Proscynème à Ra-Hor-Khuti, à Osiris qui voit (?) dans Tatou. — 2. A Hathor, supérieure des pays occidentaux, à tous les dieux du Tiau! Qu'ils donnent — 3. l'éclat dans le ciel, la force sur la terre, la vérité de parole dans le Kher-nuter, que l'âme implore. — 4. pour la suite des jours ; de réunir les choses... de l'autel au *Ka* de l'*erpa* — 6. *ha*, smer, premier parmi les courtisans, l'ouvrier de son maître. — 6. Son cœur est à lui, le divin père aux membres purs, 2e prophète d'Amon, Ahmès, makhérou. — 7. Sa mère qu'il aime, la chanteuse d'Hathor, dame de On Ra-Bakit, makhérou. »

Sur le côté gauche du siège : « Celle qui est sous la dépendance de Toum, seigneur de On, l'épouse du roi (*suten tot*), la chanteuse Ra-Bakit, makhéru-t. »

Sur la robe de la femme : « Sa mère, la favorite royale, chanteuse d'Hathor dame de Hotep-himt, fille de Athi-Ka-n-Ra-bakit, makhérou. »

D'après les inscriptions qui recouvrent ce groupe, il nous semble devoir conclure qu'Ahmès fut le fils d'un roi (mais pourtant ne portant pas le titre de prince), soit Amasis, soit un des rois qui lui succédèrent, car le nom d'Ahmès se trouve jusqu'à l'époque de Darius.

3. — Osiris assis, granit. Haut. 0m 15. Cette statue est remarquable par les inscriptions qu'elle porte :

1° Sur le côté droit du siège : Isis est représentée, gravée en creux, coiffée du disque et des cornes, levant les deux mains. Elle est nommée : « Isis, la grande, la mère du dieu, la maîtresse du ciel. »

2° Sur le côté gauche du siège : Ameniritis est représentée coiffée de deux longues plumes droites, levant les deux mains. Elle est nommée : « La femme du dieu, Ameniritis, makhérou, royale fille de Kashta, makhérou. »

3° Au dos du siège : « O Osiris pe-Hapi! Il donne vie, santé, force au *sotem* de la porte du palais de la femme du dieu, Ameniritis, makhérou, Hor, fils de Hor-oudja. Sa mère est *la* Uaker. »

4° Sur le socle, à gauche : « O Osiris-pe-Hapi, il donne, vie, santé, force, au coachyte de la divine femme, Hor, fils de Hor-oudja, dont la mère est Uaker! » — A droite : « Il donne vie, santé, force, à sa femme la maîtresse de maison, Arrouou, enfantée par Ta-Kem, makhérou. »

4. — Tête de statue royale. Granit. Haut. 0m18. Le roi est coiffé du claft rayé, orné de l'uréus. Il n'a pas de barbe.

5. — Tête de statue royale. Granit. Haut 0m16. Le roi, barbu, était coiffé de la couronne rouge, formant probablement pschent. Bon travail, style de la XVIIIe dynastie.

6. — Tête de statue royale. Granit. Haut. 0m36. Le roi, non barbu, est coiffé du claft, surmonté du pschent.

PETITS MONUMENTS

7. — Statuette du roi Amasis. Calcaire. Haut. 0m23. — Le roi est assis, coiffé du pschent. Le lituus de la couronne a disparu. Assez bon travail. Au dos, l'inscription suivante :

« Le dieu bon, maître des deux terres, maître de faire les choses, roi de la Haute et Basse Egypte. Ra-num-ab fils du soleil, Ahmès-se-neit, vivant comme Ra, aimé de... vivant éternellement. »

8. — Statuette marbre noir, veiné de rose et de blanc. Cette statuette, malheureusement brisée par la base, représente un personnage accroupi, coiffé du claft. Sur la robe se trouvent les deux cartouches : Amen-m-hat et Ra-ma-....., qui désignent Amenmhat III, roi de la XIIe dynastie. Haut. 0m065.

9. — Statuette de bronze. Haut. 0m085. — Un roi, coiffé de la couronne blanche, présente une offrande de chaque main. Beau travail.

10. — Plaquette de granit rose, portant des inscriptions hiéroglyphiques sur les faces et les tranches :

1° « O Ra-Hor-khuti, vivant, adoré à l'horizon en son nom de « Lumière qui est dans le disque. »

2° « O disque vivant, grand dans les fêtes de panégyries, maître du ciel, maître de la terre, dans son temple « Aten-m-khut, Aten! »

3° 1re tranche : « Le roi de la Haute et Basse Egypte, vivant par la vérité Ra-nefer-Khéperu-ra-ua-n, fils du soleil, vivant par la vérité, Khu-n-aten. »

4° 2e tranche : « La grande épouse royale, aimée du maître des deux mondes (Tai ?), vivante à toujours et à jamais. »

Ce monument intéressant date du roi hérétique Aménophis IV, le constructeur de Tell-el-Amarna, XVIIIe dynastie.

11. — Belle palette de scribe, malheureusement brisée. Ivoire. Long. 0m34, larg. 0m035, épaiss. 0m01. En haut, les deux godets portent encore des traces de noir et de rouge. En dessous, le cartouche prénom d'Amenophis Ier, Ra-sar-ka. De chaque côté de la palette courent deux petites inscriptions :

1° A gauche : « Proscynème à Thot! Toutes choses bonnes au ka du chef, scribe royal, Thotmès. »

2° A droite : « Proscynème à Amon-Ra ! Les aliments funéraires, milliers de pains et de breuvages au scribe du gynécée Thotmès. »

II

MONUMENTS CIVILS

STATUES ET STATUETTES DE PERSONNAGES

12. — Statue accroupie. Haut. 0m90. Basalte noir. Très beau travail. — Un homme accroupi, les deux mains sur les genoux, est vêtu de la tunique se serrant sous le sein.

Inscription de cinq lignes horizontales sur la robe : « 1. Proscynème à Amon-Ra maître des trônes des deux mondes! Qu'il donne les aliments funéraires, bœufs, oies, — 2. tissus, libations, encens, onguents, — 3. toutes choses bonnes et pures dont vit un dieu, ainsi que les souffles agréables de la vie. — 4. Au double (ka) de l'erpa-ha, ministre, smer unique dans l'amour. — 5. Chef de la grande demeure Sibu, makhérou, enfanté par Ran-s-senb, makhérou-t. »

Inscription d'une ligne sur le plan horizontal de la base. — « Que donne Horus... — au ministre chef de la grande demeure, Sibu, makhérou, enfanté par Ran-s-senb, dans le temple d'Amon, maître des trônes des deux mondes, maître des Aptu. »

13. — Statue accroupie. Style saïte. Haut. 0.37. Basalte noir. Inscription de cinq lignes sur les jambes : — 1. Proscynème : Que donne Toum, au cœur de sa ville, au double (ka) du prophète (?) chef des secrets — 2. mystères dans le grand temple. Api, fils du prophète de Sekhet au cœur — 3. de sa ville, Nes-Shu-Tefnout, fait par l'assistante de Ra, Toum. — 4. Hem-dja-th, fille du prêtre Hornecht, fils du prophète Dja-nofré, makhérou, dame vénérable. »

Inscription de trois lignes au dos : — 1. Proscynème! Que donne Osiris dans Hemq et le grand Paut des dieux qui sont dans les Aptu, au double (ka) du prophète (?) chef des mystères dans — 2. le grand temple d'Amon dans les Aptu, fils du prophète de

Sekhet au cœur de son grand temple, Nes-Shu-Tef, fait par la maîtresse de maison — 3. Hem-Dja-th, fille du prêtre Hornecht, fils du prophète Dja-nofré, makhérou. »

14. — Statue accroupie. Granit brun. Haut. 0,42. Beau travail. Inscription sur les jambes. — « Au *ka* du scribe du domaine sacré (neter-hotep) d'Osiris, Pa-ari-ma, makhérou. Sur la base, deux inscriptions parallèles, commençant au signe ankh :

A gauche : « Proscynème à Osiris, maître d'éternité : qu'il donne le souffle agréable du nord au *ka* du scribe du domaine sacré de tous les dieux, Pa-ari-ma, makhérou. »

A droite : « Proscynème à Khem..... au cœur de Am (?) au *ka* du..... de Khem, Oun-nofré, fils de Tai-ana. »

15. — Statue accroupie. Calcaire. Haut. 0.36. Les inscriptions de la base et du dos sont frustes et peu lisibles.

16. — Petit naos dans lequel est agenouillé un adorant levant les deux mains. Haut. 0,27, larg. 0,16. Calcaire. Sur les linteaux du naos on déchiffre à grand'peine un proscynème à Hor-Khuti, à Osiris, prince d'éternité, dieu grand, maître d'Abydos, pour qu'ils donnent une bonne vie au prêtre Amen-hotep.

17. — Jolie statuette de bois. Haut. 0,24, socle compris. Un homme, la tête couverte d'un bonnet noir, en marche ; il est vêtu d'une shenti blanche dont les détails sont repris en rouge. — Bon travail.

18. — Statuette en bois. Haut. 0,21. Un homme à genoux, les mains étendues sur les cuisses.

19. — Statuette en bois. Haut. 0,21. Un jeune enfant, portant la boucle, entièrement nu, les deux bras le long du corps.

20. — Statuette en bois. Haut. 0,19. Un homme en marche. Le bras droit manque.

21. — Statuette en bois. Haut. 0,21. Un personnage, coiffé des insignes osiriens en marche. Le bras gauche manque.

22. — Statuette en bois. Haut. 0,22. Une femme nue, debout. Les bras manquent.

23. — Statuette en bois. Haut. 0.32. Une femme nue. Les jambes sont articulées, les bras manquent. C'est une poupée, très probablement.

24. — Statuette en basalte brun. Un homme à genoux tenant un vase devant lui. Haut. 0,14.

25. — Tête de statuette 0.045. Pierre bleue, dure. Jolie tête ayant probablement appartenu à une statue de reine. Beau travail. Les yeux sont émaillés. Nombreuses traces de dorure.

26. — Tête de statuette en bois. Haut. 0,075. Tête très abimée d'une statuette osirienne. On voit encore des traces d'émail aux yeux, aux sourcils. Cette tête a été dorée.

27. — Statuette bronze. Haut. 0,08. Un homme, coiffé du serre-tête et vêtu de la shenti, à genoux, verse d'un seau à libations sur une table d'offrandes. Bon travail.

28. — Tête et torse d'un homme. Style saïte. Pierre grise dure. Haut. 0,11.

29. — Tête et torse d'un personnage égyptien. Basalte. Style saïte peu accusé. Haut. 0,16.

30. — Tête et torse d'une statue d'Isis? Albâtre. Haut. 0,18. Travail assez fin.

31. — Main étendue, provenant d'une statue ou d'une boîte à momie de femme. Bois. Long. 0,22. Très beau travail. Bonne conservation.

32-33. — Statuettes en bois peint semblables. Ce sont des pleureuses, des *djerti* qui, le genou droit en terre, lèvent le bras droit à la hauteur de leur tête, geste de la lamentation. Statuettes intéressantes et rares. Haut. 0,22.

34. — Tête imberbe. Albâtre. Jolie pièce. Le nez est cassé. Haut. 0,095.

SOCLES DE STATUETTES

35. — Socle en bois ayant servi de base à une statue de femme, dont il ne reste que deux jolis pieds. Long. 0,26, larg. 0,80, hauteur 0,055.

Sur la face horizontale du socle, six lignes d'inscription : « Proscynème à Anubis, maître de Tosar. Il donne une bonne sépulture dans le Ker-nuter au *ka* de la maîtresse de maison, Tai-seq, fille du prophète de Monthu-neb-uas, scribe, archentaphiaste du temple d'Amon : Djet-Amen-auf-ankh, makhérou. »

Sur le tour du socle : « Proscynème au ka de la maîtresse de maison, l'auguste épouse du prophète de Monthu-neb-on-res, Na-menkh-amen, makhérou, Tai-seq, fille du prophète de Month, etc., Djet-Amen-auf-ankh ». Puis vient la curieuse dédicace du fils de Tai-seq, qui se nommait comme son grand-père « Fait par son fils pour faire vivre son nom (celui de sa mère) Djet-amen-auf-ankh ».

36. — Socle de statuette assise (?). Peut-être Isis allaitant Horus. Pierre brune dure. Long. 0,125, larg. 0,08, haut. 0,03.

Sur la tranche supérieure : « Proscynème à Horus vengeur de son père ». — « Proscynème à Isis la grande. »

Sur le côté gauche : « Proscynème à Horus, fils d'Osiris : Il donne une bonne durée... en santé, la bouche pleine d'aliments à l'Osiris, scribe royal, chef des soldats, Ra-user-ma-senb ».

Sur le côté droit : « Proscynème à Isis, la divine mère : Elle donne, parvenu à la vieillesse, une bonne sépulture au scribe royal, chef de soldats, le grand Ra-user-ma-senb ».

III

OBJETS AYANT SERVI AU CULTE

OU AUX USAGES JOURNALIERS

SEAUX A LIBATIONS

37. — Seau à libations. Bronze. Haut. 0,225. Trois registres de bas-reliefs.

Registre supérieur. — 1° Un cynocéphale en adoration devant la barque du soleil précédée par Anubis-chacal; 2° Deux cynocéphales en adoration devant une barque à naos précédée par Anubis-chacal.

Registre du milieu. — Un homme debout, en adoration devant Khem, Isis, Nephtys, Anubis, Ptah et Horus.

Registre inférieur. — 1° Quatre cynocéphales accroupis, le bras gauche replié sur la poitrine, poing fermé, levant le bras droit à angle droit, poing fermé; 2° Un bœuf; 3° Quatre génies à tête de chacal, même position que ceux à tête de cynocéphale; 4° Un bœuf. Une jolie fleur de lotus épanouie termine le seau.

38. — Seau en bronze. Haut. 0,17. Même forme. Travail fruste. Le registre du milieu représente un homme debout, la main droite levée, en adoration devant Khem, Harœris, Isis, Nephtys et Nofré-Toum.

39. Seau en bronze. Haut. 0,13.

Registre supérieur. — 1° Deux chacals remorquent une barque à naos. Puis, 2° la barque solaire, sur laquelle sont le disque et l'oudja, remorquée par deux adorants (?).

Registre du milieu. — Le défunt semblable au n° 38 devant Khem, Isis, Nephtys..., Sekhet, Neit...

Registre inférieur. — Neuf dieux marchant vers la droite. On y distingue : Amon, Sati (?), Khem, Horus, Thot, Ptah, Sekhet..., ..., Anubis...

40. — Seau en bronze. Haut. 0,13.

Registre supérieur. — 1° La barque solaire est remorquée par un chacal; un cynocéphale adore. 2° Même scène pour la barque à naos.

Registre du milieu. — Un homme, le bras gauche pendant, le bras droit sur une table d'offrandes, devant Khem, Neit, Thot, Harœris, Ptah, Isis et Nephtys.

Registre inférieur. — 1° Le scarabée ailé, un génie à tête de chacal et un à tête d'épervier en adoration ; 2° Le scarabée ailé, le signe uadj et les deux mêmes génies en adoration.

41. — Seau en bronze. Haut, 0,12. La chaise quadrangulaire dans laquelle on posait ces vases fait partie de ce bronze.

Registre supérieur. — 1° La barque solaire ; 2° la barque solaire protégée par Isis et Nephtys étendant leurs ailes.

Registre du milieu. — Un homme à genoux tend les deux mains vers Khem, Isis, Nephtys, Ptah, Sekhet (?). Deux hommes sont ensuite à genoux devant l'insigne de Nofré-Toum.

Registre inférieur. — Une barque à naos protégée par Isis et Nephtys étendant leurs ailes, deux fleurs de lotus (?). Horus épervier, une fleur de lotus (?). Horus enfant, un taureau, la tête d'Hathor vue de face.

42. — Seau en bronze. Haut. 0,105. Deux registres.

Registre supérieur. — Deux barques à naos.

Registre inférieur. — Khem, Isis ? Nephtys ?

43. — Seau en bronze. Haut. 0,085. Trois registres.

Registre supérieur. — 1° La barque solaire traînée par deux chacals; 2° Deux cynocéphales en adoration devant la barque à naos.

Registre du milieu. — Un homme debout, en adoration devant Khem, Harœris Isis, Nephtys et l'insigne de Nofré-Toum.

Registre inférieur. — 1° Un scarabée ailé, adoré par un génie. 2° Un scarabée ailé adoré par deux génies.

44. — Seau en bronze. Haut. 0,07. On peut y distinguer Khem, Isis, Nephtys, Harœris et l'insigne de Nofré-Toum (?).

45. Seau en bronze. Haut. 0,06.

46. — Seau en bronze. Haut. 0,055.

TABLE D'OFFRANDES

47. — Petite table d'offrandes. Bronze. Un adorant est à genoux au bord de la table qui porte cinq pains et deux vases *qebh* en bas relief. Autour de la table se voient deux cynocéphales, un épervier (il en manque un), deux chacals, une grenouille. Larg. 0,07. Long. 0,08.

MIROIRS

48. — Rond de miroir. Bronze. Diamètre 0,14.

49. — Rond de miroir. Bronze. Diamètre 0,16.

50. — Miroir avec sa poignée. Bronze. Diamètre 0,11.

BARQUE.

51. — Un crocodile, monté sur une colonne lotiforme, porte sur son dos une barque ayant supporté des statues divines.

Sur la colonne : « Isis ! donne la vie à Bes..... »
Haut. totale 0,21. Bronze.

LAMPES.

52. — Lampe en bronze. Haut 0,19.

Elle est composée d'une tige se trifoliant par la base et surmontée d'une petite statue de Bes. Au milieu de cette tige est accolé un poisson qui se recourbe et forme lampe. Pièce très curieuse.

SISTRE.

53. — Tête d'Hathor ayant fait partie d'un sistre. Haut. 0,08. Bronze

VASES.

54. — Vase, forme bombylios sans anse. Calcaire. Haut. 0,13.

55-56. — Vases fusiformes. Albâtre. Haut. 0,15.

57. — Vases à onguents *merek.* Albâtre. Haut. 0,08.

58. — Coupe en forme de gazelle liée par les pattes. Pierre verte. Long. 0,17.

59. — Coupe en forme de poisson. La queue est brisée. Albâtre. Long. 0,10.

60. — Aryballe. Albâtre. Haut. 0,09.

61. — Vase rappelant de très loin la forme de l'hydrie, sans anse. Albâtre. Haut. 0,05.

62. — Sept petits vases en albâtre et un couvercle d'albâtre.

63. — Deux petits vases en forme de kotyliscos sans anse. Terre cuite noire. Haut. 0,09.

64. — Tête de femme, coiffure ronde. Terre cuite rouge. Haut. 0,05. Cette jolie tête formait l'extrémité d'un vase.

65. — Vase émail bleu. Haut. 0,05.

66. — Quatre pions pour jeu de dames, émail bleu, deux pions en bois.

67. — Joli vase en forme de poisson. Long. 0,09. Email bleu clair.

68. — Coupe, émail bleu. Diamètre 0,09.

69. — Coupe, pierre noire dure. Diamètre 0,09.

70. — Vase cristal (?) non foré. Haut. 0,095.

PANIERS

70 bis. — Lot composé de : 1° un panier avec couvercle, contenant cinq sandales d'homme et une d'enfant ; 2° d'un panier rond avec couvercle, de deux couvercles, et d'un autre panier carré.

IV

OBJETS FUNÉRAIRES

BOITES DE MOMIES

71. — Boîte de momie ayant appartenu à un père divin d'Amon, roi des dieux, chef des mystères du temple d'Amon, nommé Amen-m-apt.

Ce beau cercueil date du règne d'Amen-hotep-hiq-uas. — Le cartouche de ce roi est peint dans le fond. Hauteur, 2,05.

On ne saurait trop louer la pureté du dessin et l'harmonie des couleurs des tableaux qui ornent cette pièce. L'intérieur surtout est remarquable. Le dessus est recouvert de tableaux symétriques, les disques et quelques parties du corps sont en bas-relief et peints.

Les deux côtés sont fort intéressants à étudier; leur décoration se compose : 1° d'une rangée d'uréus coiffés du disque, se dressant et regardant vers la gauche; 2° d'une ligne d'hiéroglyphes commençant au sommet du sarcophage, allant jusqu'aux pieds; 3° d'une frise composée de tableaux et d'inscriptions; 4° d'une ligne d'hiéroglyphes; 5° d'une rangée de boucles et de signes *tat*.

Nous ne nous attarderons pas à traduire les inscriptions de ce sarcophage, car sauf quelques rares exceptions, ce ne sont que des demandes d'aliments funéraires à différents dieux. Ces inscriptions sont trop connues pour arrêter, ici, l'attention.

L'intérêt des décorations de ce sarcophage est surtout dans les deux frises latérales.

Celle du côté droit représente le convoi funèbre de la momie.

La momie est couchée sous le catafalque dans la barque mortuaire. Cette barque est placée sur un traîneau reposant sur des rouleaux radiés.

Au-dessus du catafalque, l'âme vole avec de grandes ailes.

Cinq personnages tirent une corde attachée à l'avant de la barque. Cette corde se termine en serpent. Ces hommes sont coiffés du cône et de la fleur de lotus; ils sont barbus. Sur leur poitrine pend l'amulette du cœur. Ils sont vêtus de la longue robe transparente et plissée.

Devant eux marchent quatre porteurs d'enseignes.

Des femmes viennent à la rencontre du cortège; elles se lamentent, s'inclinent. Une d'entre elles est complètement vue de face. Une petite fille est vue de trois-quarts. Ces deux figures sont curieuses et extrêmement rares.

Une seconde scène de l'enterrement se déroule en sens inverse. La momie est arrivée à la nécropole. On l'a placée debout devant la stèle. A ses pieds une femme se lamente; un homme debout, tenant dans la main droite un pot d'onguents, tient de la main gauche l'instrument *nen*.

Il se dispose à faire la cérémonie de l'*ap-ro*, ouverture de la bouche.

Derrière lui, un homme debout, coiffé des deux plumes *ma*, lit un papyrus déroulé. Un prêtre, vêtu de la peau de panthère, fait une libation et brûle de l'encens.

Une femme, enfin, verse de l'eau sur une table d'offrandes richement chargée. L'âme est à côté d'elle, perchée sur le signe *Amenti*.

Le côté gauche nous fait assister à la vie de l'Osiris pendant la nuit.

Une barque peinte en vert, porte le dieu *Af* (nommé ici Noum). Il est recouvert par un long serpent. Isis et Nephtys sont à l'avant de la barque. Le dieu hiéracocéphale Khéper est à l'arrière. A l'arrière, encore, est Nekheb ; à l'avant l'épervier coiffé du pschent.

L'âme est représentée sous la proue et la poupe du navire. Elle lève les mains.

La barque est remorquée par cinq hommes et cinq femmes. La corde est un serpent. Un autre grand serpent rampe entre leurs jambes.

Le cortège arrive vers une table d'offrandes derrière laquelle est un sphinx assis, coiffé du claft et du disque. Neit est derrière lui et lève les mains vers la barque.

Le second tableau représente la vache Mehour sortant de la montagne. Près de là est l'édicule funéraire. Une femme vêtue d'une robe recouverte de plumes, étend ses mains vers la vache et semble la flatter. Deux âmes sont sous la vache. L'une d'elles touche à son pis. Ouadjit étend ses ailes.

A gauche un homme fait une libation sur un grand vase plein de fleurs droites. L'âme, qui est aux pieds de l'homme, s'abreuve de l'eau répandue.

L'intérieur du sarcophage est peint d'une façon encore plus soignée que l'extérieur. Le dessin est en quelque sorte plus élastique. La femme du défunt implore Anubis avec une attitude tout à fait charmante.

Nous citerons comme tableaux intéressants : — le second registre où Isis et Nephtys sont à genoux et tendent les mains vers le cartouche d'*Amen-hotep-hiq-uas* ; — le troisième registre d'un très beau dessin, où le défunt fait une offrande à Ra-Hor-Khuti et à Anubis; — enfin, les troisièmes registres des côtés, qui représentent la femme d'Amen-m-ap, pallacide d'Amon, Nes-Khonsu, faisant des offrandes à quatre génies mummiformes.

En somme, belle et curieuse pièce.

72. — Cartonnage de momie. Hauteur 1m 70.

Ce beau cartonnage, difficile à ouvrir, renferme encore la momie, entourée de ses bandelettes.

Citons à ce propos un extrait du « Dictionnaire d archéologie égyptienne », de M. Pierret :

« A Thèbes, les momies sont étroitement et minutieusement

enveloppées dans leurs bandelettes. Les corps sont jaunes et un peu luisants ; les ongles des pieds et des mains sont teints en *henné*, les membres ont conservé une flexibilité remarquable et se ploient sans se briser ; sur les meilleures d'entre elles, le doigt s'enfonce encore dans la chair. Selon l'habitude de tous les temps, la main gauche est ornée de quelques bagues et scarabées. »

On sait d'ailleurs qu'à côté de la momie, ou entre les jambes, étaient déposés quelquefois, dans le cercueil, des papyrus, exemplaires du « Livre des Morts ».

Les inscriptions du cartonnage nous apprennent que cette momie est celle d'une femme nommée Ta-maut-shebi. Son père, Khonsumes, nous a probablement laissé sa stèle sous le N° 88 de ce catalogue. Quant à cette femme, c'était une de ces pallacides d'Amon dont nous parle Strabon :

τῶ δὲ Διὶ ὃν μάλιστα τιμῶσιν, εὐειδεστάτη καὶ γένους λαμπροτάτου παρθένος ἱερᾶται ἃς καλοῦσιν οἱ Ἕλληνες παλλάδας. αὕτη δὲ καὶ παλλακεύει καὶ σύνεστιν οἷς βούλεται μέχρι ἂν ἡ φυσικὴ κάθαρσις τοῦ σώματος μετὰ δὲ τὴν κάθαρσιν δίδοται πρὸς ἄνδρα, πρὶν δὲ δοθῆναι πένθος αὐτῆς μετὰ τὸν τῆς παλλακείας καιρόν. (1)

Le masque du cercueil est doré, les yeux, en émail, sont bordés de bleu, ainsi que les sourcils. Une riche coiffure entoure sa tête. Un scarabée à tête d'épervier étend ses ailes sur le cœur de la momie. A l'épaule droite, Nekheb étend ses ailes et tient le signe des panégyries. Au-dessous, un génie à tête de chacal est en adoration. Derrière lui un génie mummiforme à tête de chat tient une épée.

En dessous, enfin, un chacal couché est nommé : « Celui qui est dans le sarcophage ».

A droite, tableau symétrique. L'adorant a une tête d'épervier, le génie mummiforme une tête de cynocéphale.

Premier registre. — Horus tient la défunte par la main et l'amène devant Osiris. Elle est suivie de la déesse Tiau, de Thot, de Tiaumautf et d'Hapi. Devant Osiris sont les quatre Mesu-Hor sur une fleur de lotus. Derrière lui sont Isis, Nephtys, Neit, Selk, Bes, Amset et Hapi.

Second registre. — Au centre, l'insigne d'Abydos ; deux béliers, coiffés des cornes et des plumes droites, sont placés sur des supports.

A gauche et à droite, Isis et Nephtys étendent leurs ailes. Derrière Nephtys est un dieu à tête de cynocéphale, ployant les jambes. Il tient un serpent dans la main droite, une épée dans la main gauche.

Derrière Isis est un dieu semblable, à tête de bélier. Au-dessus de ce tableau, Ut étend ses ailes.

Troisième registre. — Le *tat* portant les insignes osiriens est au centre, Isis et Nephtys sont de chaque côté, levant une main vers le *tat*. Uadjit et Nekheb étendent leurs ailes à droite et à gauche.

Quatrième registre. — La défunte, gracieusement accroupie, est purifiée par Horus et Thot. Des signes *ankh* et *uas* s'échappent des vases purificateurs. Isis et Nephtys, avec une tête d'oiseau, étendent leurs ailes. Un grand vautour étend ses ailes sous ce tableau.

(1) Lib. XVII, cap. 47 Ed. Teubner. 1852, p. 1139

Cinquième registre. — Sur les pieds : Au centre Hâpi est dans un naos surmonté d'une tête d'épervier. A droite et à gauche, deux génies semblables à ceux du second registre. L'un a une tête de chacal, l'autre de cynocéphale. Ce sont les génies qui « veillent sur Osiris ».

Le dos du cartonnage est occupé par la représentation d'un grand *tat*, vu de dos. Il est soutenu par Isis qui « exerce sa protection éternelle ».

73. — Cercueil de Bes-n-maut. La collection possède (n°s 73 et 74) deux cercueils d'individus ayant porté le même nom. Nous ne croyons pas que ces sarcophages soient de la même époque et qu'aucun lien rattache ces deux personnages. Ce cercueil diffère des deux précédents. De la tête aux pieds, à l'intérieur, comme à l'extérieur, il est couvert d'inscriptions hiéroglyphiques. Il y en a sur la tête, sous les pieds, partout enfin. Ces textes, pour la plupart, appartiennent au Livre des Morts. Nous nous contenterons donc d'indiquer le chapitre reproduit, en priant le lecteur de se reporter, pour la traduction, à l'ouvrage de M. Pierret : « Le Livre des Morts des Anciens Egyptiens », Leroux, éditeur. D'autres textes, pourtant, ne se trouvent pas dans ce recueil. Nous en essaierons une traduction, regrettant que le défaut de place nous contraigne à ne nous occuper que du dessus. L'intérieur n'est pas moins intéressant.

La figure est peinte en rouge. La barbe osirienne est peinte en noir. Le claft à raies jaunes, vertes et bleues entoure sa tête. Un collier recouvre sa poitrine. En dessous, Nout étend ses ailes. Elle est montée sur un coffret carré. Inscription des deux lignes horizontales : « Tu sors sous ta mère Nout. Elle façonne ton bras. Elle te fait sortir au ciel vers ton père... pas d'obstacle pour toi. Il te donne ton bras, il te fait respirer. Il t'ordonne de résider (avec) les âmes (qui sont dans) les constellations ».

A la hauteur du cœur se lit le chapitre XXX, mais avec de notables différences avec le texte ordinaire.

Sur le ventre et jusqu'aux pieds, descendent onze lignes d'inscriptions verticales. Au milieu est peint le tableau représentant le défunt sur son lit funèbre. Le soleil darde ses rayons sur la momie. Il est sous le signe du ciel.

Les neuf premières lignes contiennent le chapitre CLIV.

Remarquons, avant de passer outre, que le titre de prophète de Month-neb-uas, que possède le défunt, s'échange constamment avec le signe *seq* suivi du signe *uas*. Nous retrouvons ce fait dans les stèles n° 83 (stèle de Bes-n-maut) et 85 (stèle d'User-Mouth, son fils).

Sur les côtés, sont plusieurs invocations :

COTÉ DROIT

1° Le génie funéraire Amset est dans un naos et tient le sceptre uas.

Dit l'Osiris N. : « Je suis Amset. Je suis ton fils, Horus ; je t'aime. Je te protège chaque jour. Je fais prospérer ta demeure à toujours par l'ordre de Phtah. Tes ennemis s'éloignent de toi comme s'écarte Apap de Ra-djehuti ; sont abattus tous les ennemis. Anubis guérit les maux à Osiris N. »

2° Le génie funéraire Tiaumautf est dans un naos. Il tient le sceptre uas.

Dit Tiaumautf : « Je suis ton fils, Horus ! je t'aime. Je viens vengeur (de ton père, je te sauve) de la perfidie, ô Osiris N. J'accorde que tu te dresses sur tes jambes, éternellement, comme ton père Osiris. J'ai placé ta vérité de parole en Ra, maître du ciel. Le Paut des dieux te donne l'assurance que tu vivras. Tu n'as pas d'ennemis, ô Osiris N. ».

3° Anubis est dans un naos. Il tient une bandelette de chaque main.

Dit Anubis dans son enveloppe et sur sa montagne, maître de Tosar : « O Osiris N. je conditionne (?) tes chairs, je joins tes os ; je pousse (?) tes chairs, je rassemble tes os. Tu t'élèves, tu vois les divins membres. Tu passes (?) vers l'horizon, vers le lieu pur qu'aime ta personne. Horus se dresse, apparaissant, afin qu'on lui fasse l'action de verser de l'eau (?) dans le lieu pur. »

4° Seb, hiéracocéphale est dans un naos.

Dit Seb, prince des dieux : « O Osiris N. j'ouvre tes deux yeux aveugles. Je te fais dresser sur tes jambes. Elles circulent (?). Je te donne ton cœur qui te vient de ta mère, le cœur de ta nature. Ton âme est au ciel, ton corps dans le Tiau, ta vérité de parole dans Am-urt, ô Osiris N. »

Il y a quelques rapprochements à faire avec le Ch. XXVI.

5° Le dieu Kerbek-f, ibiocéphale, est dans un naos.

Dit Kerbek-f à Osiris N. « Je viens dans le palais par l'ordre du dieu pour te protéger, pour ton alimentation (?). »

6° Derrière ce naos est l'inscription suivante :

« Anubis guérit tes maux. Il élève tes membres, il répare tes chairs ; il pousse (?) tes chairs, il rassemble tes os. Il t'embandelette..... de Ra. Les grands vêtements divins sont tissés..... »

CÔTÉ GAUCHE

1° Le génie funéraire Hapi est dans un naos.

Dit Hapi : « O Osiris N. Je suis ton fils, Horus ; je t'aime ; je viens pour voir mon père. Anubis abat tes ennemis. Il t'élève, il adore tes beautés. Il lève tes deux bras vers l'horizon oriental du ciel. Tu reçois la momification à l'horizon occidental du ciel... »

2° Le génie Kebhsennouf est dans un naos.

L'inscription, en très mauvais état, ne donne qu'un sens incomplet.

3° Anubis tenant les bandelettes est dans un naos.

Dit Anubis qui réside dans la divine salle : « O Osiris N, je viens à toi. Je guéris tes maux, j'élève tes chairs, je répare tes membres, je pousse tes chairs. Je rassemble tes os. Je te place. Tu es à l'état de dieu. Il n'est pas d'ennemis pour toi en aucun lieu. Tu marches dedans (ce lieu), ô Osiris N. »

4° Le dieu Hor-Khent-Hotep est dans un naos. Ses chairs sont peintes en rouge.

Dit Hor-Khent-Hotep : « O Osiris N. Je suis ton fils Horus, je t'aime en ta vengeance sur tous tes ennemis, tu es vivant, tu es renouvelé, tu es reverdissant comme Ra, chaque jour. Ta justesse de voix est stabilisée parmi les esprits de On. Tu es formé en épervier, tu te..... en oie *smen*, tu es détruit à l'état de Nehebka. »

5° et 6° Le dieu Haq-ntef-arrnf-djesef à chairs bleues est dans un naos.

Ce dieu adresse ce discours au défunt :

« Horus vient. Il le compte parmi les dieux (?). Il lui donne ses ennemis sous lui. Il lui élève ses membres et dilate le cœur. Il venge... son père l'Osiris N. — Il lui fait voir les dieux — l'Osiris N. »

Au-dessus de la tête, Nephtys, sur un coffret, étend ses ailes.

1° Dit l'Osiris N : « Je viens à toi; je suis Nephtys, ta sœur, dans... Elle élève ta tête, elle façonne tes membres, elle pousse (?) tes chairs, elle joint tes os. »

2° Dit Nephtys : « O Osiris N. Je circule derrière ta tête. Je suis ta protectrice à jamais. Tu écoutes les paroles de Ra. Ta vérité de parole est auprès du Paut des dieux..... »

DOS DU CERCUEIL

Au milieu sont sept lignes d'inscriptions rétrogrades. Elles reproduisent le chapitre LXXII, puis le chapitre IX plus étendu; enfin le début du chapitre CIX.

CÔTÉ DROIT

Cinquante-quatre lignes d'hiéroglyphes. Chapitre LXXI

CÔTÉ GAUCHE

Inscription parallèle. Chapitre CIV, entier.

Sous les pieds, l'inscription est en trop mauvais état pour être déchiffrée.

D'après ces quelques notes, on peut voir tout l'intérêt qui s'attache à ce beau cercueil. Bien malgré nous, nous devons nous arrêter là, car la publication et la traduction de ces textes rempliraient facilement un volume (1).

74. — Cercueil de Bes-n-maut (n° 2).

Belle boîte de momie de 1m85 de haut. Une très belle tête de momie appartient à ce cercueil. Un collier couvre la poitrine. Sur

(1) Cette collection possède plusieurs pièces ayant appartenu à ce personnage, ou tout au moins portant le même nom : 1° Sa stèle, n° 83; 2° Un coffret funéraire, n° 103; 3° La statuette funéraire en bois peint, n° 107; et 4° les canopes nos 127, 128, 129, 130.

Enfin dans les stèles et dans les statuettes funéraires, nous trouvons plusieurs personnages se qualifiant fils ou filles de Besa-n-maut. Tous ces monuments proviennent sans doute du même hypogée.

les épaules sont des représentations fort curieuses : des serpents hippocéphales se dressent. Ils portent le nom de Am-Tiau, « ceux qui sont dans le Tiau ».

Nous ne connaissons, quant à nous, qu'un sarcophage au Louvre portant des figures semblables.

Le haut de la poitrine est occupé par le pèsement du cœur ou Psychostasie. — Ce tableau est l'illustration du chapitre CXXV du Livre des Morts. Le dessin est d'un très beau style.

A droite, Seb, Nout, le défunt, « aimant Dieu, Bes-n-maut » et « la dame de vérité qui est dans le Tiau », sont derrière Osiris, vêtu de blanc.

Un cynocéphale est à ses pieds. Il tient une palette de scribe et écrit. L'animal à grandes mamelles et à tête d'hippopotame, la grande dévoreuse, est à côté.

Anubis est à genoux sous la balance. Dans le plateau de gauche est placé le cœur, qu'Anubis semble équilibrer avec l'image de la Vérité placée dans l'autre plateau.

Thot, maître de Sesem, amène le défunt; celui-ci tient son cœur à la main. Une femme placée derrière Bes-n-maut, semble le soutenir. Dans le champ de ce tableau est inscrit le chapitre du cœur (chap. XXX).

Sur le ventre du cercueil, et divisées en deux sections, se trouvent les invocations aux dieux de la salle de justice données au chap. CXXV. Il n'y a ici que trente-huit invocations présentant des variantes intéressantes.

En dessous enfin, est un proscynème de trois lignes verticales. C'est une demande d'aliments funéraires à Ra-Hor-Khuti, à Toum, à Ptah-Sokar-Osiris.

A droite et à gauche sont quatre tableaux, symétriques deux à deux. Le défunt adore quatre fois Toum, Khent-nut (?), Ra et Seb.

Les côtés du cercueil sont couverts d'inscriptions en très beaux hiéroglyphes. Ce sont quatre invocations successives à Horus.

75. — Petit cercueil sculpté mais non peint. Haut. 0,92.

76. — Tête et coiffure d'une caisse de momie (?). Jolie pièce. Haut. 0,45. Bois peint.

77. — Cartonnage représentant une tête de momie; la face très petite est dorée. Haut. 0,30.

PAPYRUS

78. — Papyrus funéraire roulé.

Ce papyrus, entier, est parfaitement conservé. Il est d'une très belle écriture, sans vignettes.

Ce papyrus est au nom de la maîtresse de maison, l'auguste porteuse de sistre d'Amon-Ra, Ta-Shep-n-Khonsu, fille du prêtre Auf-fi, fils d'Hor-se-isi, fils du prophète, gouverneur de ville, Auf-fi. Puis le chapitre LIII commence.

Haut. 0,105. Diamètre du rouleau 0,035.

STÈLES

79. — Stèle en bois peint. Haut. 0,40, larg. 0,29.

Dans le cintre, Ut étend ses ailes. En dessous et au milieu, le scarabée embrasse le disque de ses pattes antérieures. Il tient le signe d'éternité entre ses pattes postérieures.

A droite et à gauche, sont les deux oudja et les deux chacals.

Dans le tableau, la défunte Qeres adore Ra-Hor-Khuti. Derrière ce dieu sont : Isis étendant ses ailes, puis les quatre génies funéraires : Amset, Hapi, Tiaumaut-f et Kebhsennouf.

Inscription de quatre lignes : Proscynème à Osiris qui réside dans l'Amenti, dieu grand, maître du ciel. Il donne les biens ordinaires... au *ka* de l'Osirienne Qeres, makhérou, fille de Djarout, makhérou... sous la dépendance du dieu grand, maître du ciel. Sa mère est la maîtresse de maison Maut-ker-heb, makhérou, dame vénérable (1).

80. — Stèle en bois peint. Haut. 0,39, larg. 0,28.

Dans le cintre, « Ut, dieu grand, maître du ciel, lançant ses rayons » étend ses ailes. Puis le tableau et l'inscription sont, en quelque sorte, encadrés dans une porte à entablement. Le haut de l'entablement est orné d'une rangée d'uréus surmontant le disque ailé. De chaque côté, deux piliers hathoriens.

Tableau : A droite l'Osirienne Set-iri-ban adore « Ra-Hor-Khuti, dieu grand, maître du ciel » ; à gauche elle adore « Toum, maître des deux terres et de On ».

En dessous, sept lignes d'inscriptions affrontées.

A droite : « 1. Salut à toi! Tu te lèves dans Tosar, tu brilles, tu apparais à — 2. l'Orient du ciel ; Noum dans la chapelle ; écoute (?) — 3. ô Ra : je réciterai les formules pacificatrices devant le billot d'Ap 77 fois — 4. par jour. Pacifie ta face radieuse pour l'Osirienne, maîtresse de maison Set. — 5. Iri-ban, makhérou, fille du prophète, qui ouvre les portes des Aptu — 6. au jour... Pet-amen-neb-nas-toui, makhérou, fils de même qualité (que son père) — 7. Nes-pe-amen (?) enfanté par Isi-Khebha. »

A gauche : « 1. Salut à toi, Toum, en tes venues. Tu es beau, gracieux ; tu te dresses, muni. — 2. Tu traverses le ciel, tu parcours la terre en paix. Tu navigues ; ta face commande à la terre. Viennent à toi — 3. les dieux courbés. Ils te donnent des acclamations. Pacifie ta face — 4. radieuse pour l'Osirienne Set-iri-ban, — 5. makhérou, filledu prophète d'Amon dans les Aptu, — 6. prophète *sam* Sebek, dans l'intérieur d'Asher, Pet-amen — 7. neb-nas-toui, makhérou, fils de (mêmes qualifications) Nes-pe-amen, enfanté par Isi-Khebha.

81. — Stèle en bois peint. Haut. 0,46, larg. 0,32. En haut Ut étend ses ailes.

(1) Voir la statuette funéraire n° 113.

Le tableau représente l'Osirienne, la maîtresse de maison, Baba, véridique. Les chairs sont peintes en vert.

Elle fait une adoration, à droite à Ra-Hor-Khuti, chef des dieux, dieu grand; à gauche, à Toum, maître des deux terres et d'Héliopolis, dieu grand.

Au-dessous, six lignes d'inscriptions sur fond blanc et rouge alternant.

Inscription de droite : « Gloire à toi, Ra-Hor-Khuti. Tu te lèves dans Tosar. Tu illumines lorsque tu apparais à l'orient du ciel. Ton ardeur est grande dans la chapelle du cercueil. O Ra ! Ecoute, ô Ra ! je ferai chaque jour 69 fois la récitation des formules pacificatrices devant le billot d'Apap. Adoucis ta belle face pour la maîtresse de maison Baba, fille du prophète (??) d'Amen-m aptu, Bes-n-maut, véridique. »

Inscription de gauche : « Gloire à toi, Toum, en tes venues..... Tu apparais ! Tu te dresses, muni. Tu traverses le ciel, tu parcours la terre en paix.»

« Tu navigues sur le ciel en vainqueur des montagnes (?)..... Les dieux et les hommes viennent à toi, courbés. Ils te donnent des adorations et des louanges. Pacifie ta face pour Baba, la fille du prophète (?) d'Amen-m-aptu, Bes-n-maut ! »

82. — Stèle en bois peint. Haut. 0,39, larg. actuelle 0,23. Cinq centimètres manquent au côté droit.

En haut, « Ut, maître du ciel » étend ses ailes. Dans le tableau de droite « l'Osiris, prophète..... *oun*, Ankh-f-khonsou » adore « Toum, maître des deux terres et de On ». A gauche, le même individu adore « Ra-Hor-Kuti, dieu grand, maître du ciel ». En dessous, dix lignes d'inscription affrontées. Nous ne traduirons que celles de gauche, celles de droite étant incomplètes : « 1. Adoration à Ra lorsqu'il se lève à l'horizon oriental du ciel, par le prophète de Month-neb — 2. uas, astronome de quatrième classe du temple d'Amon, prophète de Ra-Hor-Khuti, chef du temple d'Amon, préposé au sceau de la demeure de Maut, dame d'Asher — 3. ...... Khonsu, le fils aimé d'Amon, Ankh-f-Khonsu, fils (même qualification) de Bes-n-maut (1), makhérou. — 4. Il dit : Salut à toi. Il se lève dans Tosar, brille, apparaît à l'orient du ciel, le grand — 5. d'ardeur dans le sarcophage ! O Ra ! écoute, ô Ra, tu circules ! Je réciterai soixante-dix-sept fois les formules pacificatrices — 6. devant le billot d'Apap... »

83. — Stèle en bois peint. Haut. 0,50, larg. 0,33.

Au-dessus du tableau, Ut étend ses ailes. Le tableau représente à droite, Bes-n-maut, vêtu d'une peau de panthère, adorant Ra-Hor-Khuti. A gauche, le même personnage adore Toum.

Deux inscriptions affrontées de six lignes chacune.

Inscription de droite : « 1. Discours de l'Orisis, prophète de Month-

(1) Voir nº 73, note 1.

neb-uas, Bes-n-maut, — 2. makhérou, fils du prophète de Month-neb-uas, Nespasefi, — 3. makhérou, enfanté par la dame de maison, l'auguste Arouou, makhérou : Hommage — 4. à toi, Ra-Hor-Khuti, Toum... sortant — 5. de l'abîme, maître éternel, créateur d'éternité. Sauve-moi — 6. chaque jour de l'impureté (moi), l'Osiris Bes-n-maut. »

Inscription de gauche :

« 3. Hommage à toi, Toum, reposant.— 4. en vie pour illuminer le Tiau par..... le souffle — 5. agréable sort de ta narine. Tu éclaires les chemins du kher-nuter — 6. par ton éclat (pour) l'Osiris, prophète de Month-neb-uas (?) Bes-n-maut, makhérou (1). »

84. — Stèle en bois peint. Haut. 0,47, larg. 0,31. Ut, dieu grand, maître du ciel, étend ses ailes au-dessus du tableau.

Le tableau représente, à droite, une adoration à Ra-Hor-Khuti, dieu grand, maître du ciel, par l'Osiris, le dieu, Amen-ankh-f-n-khonsu.

Une ligne d'hiéroglyphes, derrière Horus, nous annonce le discours à Ra-Hor-Khuti, dieu grand, chef des dieux.

A gauche, le même individu adore Toum, maître des deux terres et de On.

Six lignes d'inscriptions : « 1. Discours à Ra-Hor-Khuti, dieu grand, chef des dieux, sortant de l'horizon, à Toum, maître des deux terres et de On : — 2. Il donne les aliments funéraires, les bœufs, les oies, l'encens, le vin, le lait, toutes choses bonnes et pures, — 3. toutes choses douces et agréables dont vit un dieu, tous les hotepu, tous les djéfau, au *ka* du prophète (?) d'Amon. 4. Ra, roi des dieux, prophète de l'obélisque auguste d'Amon, Ankh-f-n-Konsu, makhérou, — 5-6. fils de Bes-n-maut, makhérou (mêmes titres), fils de Ankh-f-n-Khonsu, makhérou (mêmes titres). Sa mère est Hotep-Amen. »

85. — Stèle en bois. Haut. 0,45, larg. 0,27. En haut le disque les ailes étendues.

Le tableau de la stèle représente, sur fond bleu :

1° A droite une adoration à Hor-Khuti, par un prêtre vêtu de la peau de panthère. C'est le prophète de Month User-Month.

2° A gauche, le même individu adore Toum, maître d'Héliopolis.

Au-dessous, sept lignes, d'inscriptions affrontées, peintes alternativement sur fond blanc et rouge.

Inscription de droite : « Paroles de l'Osiris, prophète de Month, seigneur de Thèbes, User-Month, véridique, fils du prophète de Month, seigneur de Thèbes, Bes-n-maut, véridique : « Gloire à toi, Hor-Khuti, Khépra qui se forme lui-même. — Radieux, tu te lèves à ton horizon. — O Ra ! tu rayonnes en avant de l'Osiris prophète de Month, seigneur de Thèbes. Il t'adore au matin et s'adjoint à toi pendant la nuit ! »

---

(1) Voir le n° 73, note 1.

Inscription de gauche : « Paroles de l'Osiris, prophète de Month-seigneur de Thèbes, User-month, véridique, fils du prophète de Month, seigneur de Thèbes, Bes-n-maut, véridique : Je t'adore, Ra, je t'adore Toum en ta venue. Radieux, tu apparais et tu commandes ! Tu traverses le ciel et tu parcours la terre..... » (1).

86. — Stèle en bois peint. Haut. 0,46. Larg. 0,28.

Dans le cintre de la stèle, Ut, dieu grand, étend ses ailes. L'image de Ra, à tête, d'épervier, tenant le signe *ankh* dans sa main, navigue sur une barque, vers la droite. Au-dessus, les deux yeux *oudja*.

Devant Ra, l'inscription : « Ra se lève dans l'horizon oriental. »

Derrière Ra, l'inscription : « Toum se couche dans l'horizon occidental. »

Un serpent rouge précède la barque.

Tableau : Une femme, l'Osirienne Nen-Isis, makhérou, fille de Arou-dja, enfantée par la maîtresse de maison Ta-Amenit-nasu-toui, fait une offrande de choses bonnes et pures pour abattre tous les ennemis de l'Osirienne Nen-Isis, makhérou, devant Hor-Khuti et Toum.

Hor-Khuti répond : « Je viens à toi, ô Osirienne Nen-Isis. »

Six lignes d'inscriptions :

« Proscynème à Ra-Hor-Khuti, dieu grand, maître du ciel, lançant ses rayons lorsqu'il sort de l'horizon ; à Toum, maître des deux mondes, à Ptah-sokar-Osiris, maître de la nécropole, à Anubis sur sa montagne, seigneur de Tosar : ils donnent les aliments funéraires, les bœufs, les oies, le vin, le lait, l'encens, les onguents, les tissus, les *hotepu*, les *djefau*, toutes choses bonnes et pures dont vit un dieu au *ka* de l'Osirienne Nen-Isis, makhérou, fille de Aru-dja, makhérou, enfantée par la dame de maison, Ta-amenit-nasu-toui, makhérou. Tu illumines, tu apparais à l'orient du ciel, tu es grand d'ardeur dans le tombeau (pour) l'Osirienne Kem-nen-Isis, makhérou.

87. — Stèle en bois peint. Haut. 0,38, larg. 0,24.

Dans le cintre, « Ut, dieu grand, lançant ses rayons ».

Le tableau représente une femme, l'Osirienne Hotep-Amen, fille du prophète de Month-neb-uas, au cœur de *Temt*, Roro, makhérou, adorant à droite Toum, à gauche Ra.

Six lignes d'inscriptions affrontées.

Inscription de droite :

« Proscynème à Toum, maître des deux mondes et de On, à Phtah-Sokar-Osiris, dieu grand, au cœur de la nécropole :

« Il donne tout ce qui apparait sur l'autel au ka de l'Osirienne, maîtresse de maison, Hotep-Amen, fille du prophète de Month-neb-uas, au cœur de Temt, enfantée par la maîtresse de maison, Rourou, makhérou, vénérable.

Inscription de gauche :

« Proscynème à Ra-Hor-Khuti, chef des dieux, dieu grand, maître

(1) Voir le n° 73, note 1.

du ciel ; il donne les aliments funéraires, bœufs, oies, tissus, encens, onguents, *hotepu*, *djéfau* au *ka* de l'Osirienne Hotep-Amen, etc. »

88. — Stèle en bois peint. Haut. 0.28, larg. 0,24. Curieux tableau largement peint.

Le tour de la stèle est occupé par Nout, peinte en bleu, qui se recourbe sur elle-même, comme dans les peintures de sarcophages. Sous elle, un homme adore Ra-Hor-Khuti. Au-dessus d'eux est peint Ut, sans ailes.

L'inscription du bas se lit : « L'Osiris, aimé de Dieu, connu du roi, Khonsu-mès, fils de l'aimé de Dieu, Djet-Isis-auf-ankh (1). »

89. — Stèle en bois peint. Haut. 0,26, larg. 0,23.

Un homme adore Ra-Hor-Khuti.

« Proscynème à Ra ! Il donne les aliments funéraires, bœufs, oies, à l'Osiris aimé du dieu des Aptu, Pef-ti...(?) makhérou, fils du prophète d'Amon, préfet, Pemau, makhérou. »

90. — Stèle en bois peint. Haut. 0,25, larg. 0,21. Dans le cintre, le ciel, le disque de Ut, sous lequel est un scarabée noir. A droite et à gauche les deux oudja.

Tableau : Une femme adore Ra-Hor-Khuti. « Proscynème à Ra-Hor-Khuti, chef des dieux, sortant de l'horizon. Il donne les aliments funéraires..... à Nohem-s-bast, fille de l'aimé de Dieu, Pet-amen, makhérou.

91. — Stèle en bois peint. Haut. 0,17, larg, 0,13. Dans le cintre, le signe du ciel.

Tableau : Une femme adore Ra-Hor-Khuti, Toum, maître des deux mondes, et de On du Midi, dieu grand, maître du ciel ; (il donne) les aliments funéraires, bœuf, oies, tissus.., encens à l'Osirienne Nes-maut, fille de Nes-Hathor.

92. — Plaque de bois de 0,31 + 0,14 sur laquelle est peinte un bateau à voile.

93. — Morceau de bois ayant fait partie d'un haut de sarcophage. Long. 0,57. Haut. 0,10.

On voit encore le disque lançant ses rayons, les deux uréus et les signes ankh. A droite et à gauche deux oiseaux (éperviers ?) sont montés sur des édicules.

94. — Stèle en granit noir. Haut. 0,27, larg. 0,22. Dans le cintre, Ut, dieu grand, maître du ciel, étend ses ailes.

---

(1) Voir le numéro 72.

Le tableau représente une femme adorant Hor-Khuti, dieu grand, maître du ciel; à gauche Toum.

Cinq lignes d'inscriptions bien gravées :

« Proscynème à Ra-Hor-Khuti, dieu grand, maître du ciel, chef des dieux; à Toum, maître des deux terres et de On, forme qui se crée elle-même ; ils donnent les hotepu et les djefau et toutes choses bonnes et pures dont vit un dieu au *ka* de l'Osirienne Tai-shep...., enfantée par Ta-bes, makhérou.

95. — Stèle en granit noir. Haut. 0,28, larg. 0,24. Dans le cintre. Ut, dieu grand, étend ses ailes.

Tableau : Un homme adore : à droite Ra-Hor-Khuti, dieu grand, maître du ciel, chef des dieux; il donne les aliments funéraires; à gauche Toum.

Quatre lignes d'inscription :

« Proscynème à Ra-Hor-Khuti, dieu grand, maître du ciel, chef des dieux : Il donne les aliments funéraires, les bœufs, les oies, le vin, le lait, l'encens, les tissus et toutes choses bonnes à Seb-udja-Hor (1), fils de..... »

96. — Stèle en pierre calcaire. Haut. 0,67, larg. 0,39. Trois registres.

Registre supérieur : En haut, est gravé le disque, avec l'aile droite seulement. Osiris qui réside dans l'Amenti, dieu grand, ayant derrière lui la déesse Amenti, est assis. Devant lui un homme et une femme viennent pour « adorer le maître d'Abydos », c'est le serviteur (*sotem ash*) d'Amon, Ari-roro, makhérou, et sa sœur, la maîtresse de maison Ta-Amenti.

Dans le registre du milieu, Ariroro et Taamenti sont assis. Un enfant est sous leur chaise et respire une fleur de lotus.

Un homme et deux femmes viennent pour « faire proscynème au *ka* avec des choses bonnes et pures ». Ce sont les enfants, le fils et les deux filles. L'une d'elles se nomme Nefert-Ari.

Dans le registre inférieur, deux hommes et deux femmes prennent part au festin funéraire. Inscription peu lisible.

97. — Stèle calcaire. Haut. 0,57, larg. 0,38.

Registre supérieur. — Un homme suivi d'un enfant, fait une libation devant Osiris, maître du toujours, prince d'éternité, dieu grand.

L'homme est le préposé au Trésor, Maai, prêtre d'Amon...

Registre inférieur. — Une dame Thiaa reçoit une offrande du serviteur (sotem ash) Madjaroaa, de la dame Ta-set ou Ta-maut, et de sa fille Ankh.

---

(1) La stèle un peu fruste, il est vrai, nous donne ici : un signe long paraissant être la lettre *s*; en dessous de ce signe sont le *b* par la jambe, et le déterminatif divin, la hache.

98. — Stèle calcaire. Haut. 0,68, larg. 0,51.

Sous le ciel, soutenu par deux signes *uas*, le disque étend ses ailes. Osiris, dieu grand, maître de Ro-stau, Isis, maîtresse du ciel, et Nephtys reçoivent l'adoration d'un homme, de son fils et de sa femme. Cinq lignes d'inscription mutilées, que l'on peut restituer ainsi :

« Proscynème à Ptah-sokar, Osiris, il donne toutes choses bonnes et pures dont vit un dieu »; puis l'on distingue quelques noms propres : « Heri-amen, fils de Pehartha, fils de Khonsu, sa femme Ameniritis, fille de Peankh-khrot, sa femme, la dame Kaka, fille de Pet.-amen. » A la fin, la mention : « Ils sont stables à jamais ».

COFFRETS FUNÉRAIRES

99. — Coffret funéraire en forme de monument égyptien. Bois peint. Haut. 0,55, larg. 0,24, long. 21.

Chaque face a la forme d'une porte couronnée de son architrave. L'architrave et les linteaux servent de cadre à des scènes diverses.

Première face. — Au-dessus de la porte, *Ut* étend ses ailes. A gauche et à droite trois uréus.

Sur les côtés de la porte, six adorants étagés de chaque côté, lèvent les mains vers les scènes que nous allons décrire :

Registre supérieur : Osiris « qui réside dans l'Amenti » est assis, entre Isis et Nephtys, « sœurs du dieu », qui se lamentent.

Registre du milieu : Osiris debout, protégé par deux déesses coiffées du disque, élevant leurs ailes. A gauche, un dieu à coiffure osirienne, et Nephtys.

Registre inférieur : Au milieu, coffret funéraire duquel émerge une tête, regardant à droite, coiffée des cornes, du disque et des deux plumes droites.

A droite, Anubis « sur sa montagne », tenant un vase dans la main gauche, lève la droite vers la tête, il fait la « protection de l'Osiris, l'astronome Nes-min ».

A gauche, Anubis, « dans son enveloppe », tenant une bandelette dans la main gauche, lève la droite vers la tête et fait la même protection.

Deuxième face. — Sur le linteau supérieur : « Les dieux qui sont dans le *Kher-nuter*, veillent sur toi chaque jour. »

Sur le côté gauche :

« Discours de l'Osiris, astronome d'Amon, Nes-min, makhérou. Isis vient à toi avec ses bandelettes. Tu la reçois pour entourer tes membres avec elles. Ton lieu vit (?). »

Sur le côté droit :

« L'Osiris, astronome d'Amon, roi des dieux, Nes-min, makhérou. Les dieux aiment ta momie. Ton cœur reverdit en toi. On t'offre les aliments funéraires quatre fois. Il n'y a pas de malédictions pour toi. »

TABLEAUX. — *Registre supérieur* : Nephtys lève les deux mains, tenant des bandelettes; elle est derrière Hapi et Khebsennouf. Ils disent : « Les dieux directeurs du bien protègent l'Osiris, chef des astronomes, Nes-min, makhérou, procréé par Aarouou, makhérou, sous tous les dieux. »

Au-dessus d'eux se lit l'inscription : « Discours d'Hapi : O Osiris, chef des astronomes d'Amon-Ra, roi des dieux, Nes-min, enfanté par Aarouou ! Hapi et Khebsennouf viennent à toi pour tous tes reverdissements. Tu germes. »

« Discours d'Isis : Je viens à toi, ô Osiris-Nes-min ! avec des bandelettes et des onguents. »

Registre inférieur. Deux génies, l'un Bast-dja, à tête de cynocéphale, l'autre, Anubis dans son enveloppe, tiennent chacun deux épées devant une porte fermée à deux verroux.

TROISIÈME FACE. Dans le *registre supérieur*, Uti étend ses ailes, ce qu'explique l'inscription du linteau supérieur : « Uti, dieu grand ! Il te protège, ô astronome d'Amon-Nes-min ! »

Registre du milieu. Au milieu, Osiris en forme de Tat. A gauche, Isis dit : « Mes deux bras sont sur toi. Je te protège chaque jour. »

A droite, Nephtys dit : « Mes deux bras sont sur toi, ô Osiris-Nes-min ! Cette scène est expliquée par les inscriptions des linteaux.

A gauche : « Discours de Nephtys : O Osiris, chef des astronomes d'Amon, Nes-min, makhérou ! Mes deux bras sont derrière toi, éternellement. Moi, je suis ta sœur qui t'aime ; je te fais du vent pour ta narine ! »

A droite : « Discours d'Isis, la divine mère : O Osiris Nes-min, makhérou, fils de Pkerkhonsu, je viens, je suis..... »

Registre inférieur. Au milieu, le scarabée coiffé des cornes surmontées de trois kakeru, sur un petit édicule.

A gauche, une déesse Ma (?), coiffée de la couronne rouge, étend ses ailes.

A droite, une déesse, coiffée de la couronne du Midi peinte en rouge, par erreur, étend ses ailes. Des oudjas sont à droite et à gauche.

QUATRIÈME FACE. Dans le *tableau supérieur*, Nephtys est représentée derrière Amset et Tiaumautf. « Les dieux qui sont dans le Ker-nuter te protègent, ô chef des astronomes d'Amon, Nes-min, makhérou, fils de Pekerkhonsu » ; ce que complète l'inscription du linteau supérieur : « Les dieux qui sont dans le Ker-(nuter) veillent ; nous veillons chaque jour sur toi. »

Dans le tableau sont les discours suivants :

1° « Discours d'Amset : Venue d'Amset, ô Nes-min ! Il te fait (faire) tes transformations de dieu. »

2° « Tiaumautf vient à toi ; il stabilise tes os éternellement. »

3° « Discours de Nephtis : Je viens vers toi avec des bandelettes ; je veille à la perfection de tes membres (?) à toujours et à jamais ; tu es Dieu ! »

Les inscriptions sont ainsi conçues :

1° « L'Osiris, chef des astronomes d'Amon, scribe de la grande demeure (devant lequel) s'incline la ville, Nes-min, makhérou, enfanté par Aarouou, makhérou, qui est sous la dépendance d'Osiris qui réside dans l'Amenti. »

2° A droite : « Discours : O Osiris, chef des astronomes d'Amon-Ra, roi des dieux, scribe d'Amon, Nes-min, makhérou, fils de Pekerkhousou ! ta tête est à toi, tu vis en eux (*sic*). Tes yeux sont à toi, tu vois par eux ».

Dans le *registre inférieur*, deux génies, l'un « Qeft-nen, qui abat tes ennemis » l'autre nommé « le Supérieur, au-dessus de ton trône, » sont armés de deux épées. Ils gardent une porte fermée à deux verrous.

100. — Grand coffret funéraire sans couvercle. Bois. Haut. 0,36, larg. 0,38, long. 0,40.

Une scène est représentée sur chacune des faces.

1° Isis verse une libation par-dessus la tête d'Amset, debout devant elle et lui tournant le dos.

« Dit Isis, la grande, la divine mère, dame du ciel, régente de tous les dieux : Je protège Amset. Que, si je (le) protège, Amset (?) protège l'Osirienne, dame de maison, l'auguste Babaau. »

2° Nephtys fait l'action d'Isis derrière Hapi.

« Dit Nephtys, dame du ciel, régente de tous les dieux : Je viens vers toi. Je protège Hapi. (Si) je te protège, Hapi, protège la dame de maison Babaau ».

3° Selk et Kebhsennouf.

« Dit Selk, dame du ciel : Je protège Kebhsennouf. Que si je protège Kebhsennouf, soit protégée la maîtresse de maison, l'auguste Babaau, dame vénérable. »

Quatrième face. — « Discours à Tiaumautf par Neit, la grande, la divine mère : Elle exerce sa protection pour éloigner les méchants de Tiaumaut-f Que, pour cette protection (Tiau)-maut-f protège Babaau, véridique. »

101. — Coffret funéraire, cubique, sans couvercle. Bois peint. Haut. 0,37. Sur chacune des faces est peint un des quatre génies funéraires. Ecriture quasi-hiératique.

La formule pour les quatre est à peu près la même.

« Dit Hapi : Je suis ton fils, ô Horus ! je t'aime ; je te protège chaque jour, ô Osiris, prophète de Month-neb-uas User-Month » (1).

102. — Coffret funéraire, bois peint. Haut. 0,30, larg. 0,15, long. 0,35. Hiéroglyphes peints en bleu.

Au nom du prophète de Month-neb-uas Nes-pa-Khrot, makhéru fils du prophète de Month-neb-uas. Sa mère est Aa-toui (?), vénérable. Chapitre VI avec variantes.

---

(1) Voir la stèle n° 85.

103. — Coffret en bois, sans couvercle. Long. 0,33, haut. 0,285, larg. 0,15. Il est au nom du personnage précédent. Il contient le chapitre VI avec quelques variantes orthographiques.

104. — Coffret funéraire sans couvercle. Hiéroglyphes peints en bleu. Chapitre VI. Il a appartenu à la dame Tai-aâ-ua dont nous avons la statuette funéraire, N° 110.

105. — Coffret funéraire en forme de sarcophage. Couvercle. Long. 0,29, larg. 0,15, haut. 0,18. Au nom du personnage précédent. Chapitre VI.

106. — Coffret funéraire en forme de monument. Haut. 0,40. Anonyme.

1re face. Au-dessus d'une porte de stèle, le défunt, coiffé de la couronne blanche, tenant le vase qebh à la main droite, fait une offrande à Osiris suivi d'Isis. Dix personnages sont en adoration sur les côtés de la porte.

2e face. Deux adorants debout à droite et à gauche d'un naos renfermant le tat avec insignes osiriens. Au-dessous, 4 registres contenant 19 personnages marchant vers la droite, 17 tiennent une sorte de bâton à la main; sur le linteau gauche un serpent, reposant sur le signe neb sur une fleur, est couronné de la couronne blanche. A droite, même décoration. Couronne rouge.

3e face. 1er registre, 1er naos gauche : Un homme adore Amset. 2e naos droite : Un homme adore Qebhsennouf. Dans les 4 registres, 17 personnages semblables à la 2e face. Même décoration des linteaux.

4e face. Adoration à Hapi et Tiaumaut-f. 20 personnages.

STATUETTES FUNÉRAIRES

Bois peint.

107 — Statuette funéraire. Haut. 0.36. Inscription : « Proscynème à l'Osiris, prophète de Month, maître de Thèbes, *Bes-n-maut.* »

Au dos : « Paroles de l'Osiris, prophète, Bes-n-maut » (1).

108. — Statuette funéraire. Haut. 0.43.

Par devant, inscription : « Paroles d'Osiris qui réside dans l'Amenti. Il donne les aliments funéraires, le vin, le lait à l'Osiris Necht, fils de Pe-uah-her, enfanté par la maîtresse de maison Pe-shash-khéper-s ». Au dos, proscynème dont le commencement manque (Proscynème à Osiris pour qu'il donne toutes choses bonnes et pures que donne le ciel), que crée la terre, qu'apporte le Nil de sa retraite

(1) Voir le n° 73, note 1.

cachée, au double (ka) de l'Osiris Necht, makhérou ». Sur le socle, haut. 0,09, larg. 0,11 long. 0,34, court une inscription que l'on peut rétablir.

« Proscynème à... Horkhuti, dieu grand, pour qu'ils donnent les *hotepu* et les *djefau* et toutes choses bonnes et pures, les souffles agréables, etc. (dont vit un dieu), à l'Osiris Necht, makhérou, fils de Peuah-her, makhérou. Sa mère est Ta-ti-pe-shash-khéper. »

109. — Statue funéraire en bois, plumes sur la tête; socle, oiseau représentant l'âme. Haut. totale : 0,59.

Inscription, par devant : « O Osiris prophète (?) d'Amon-Ra, roi des dieux, prophète de l'obélisque d'Amon : (Djet) Amen, Ankh-f-n-khonsu. »

Inscription du dos : « Discours à Osiris qui réside dans l'Amenti dieu grand, maître d'Abydos! Il donne les aliments funéraires, bœufs, oies, encens, lait. »

110. — Statuette funéraire en bois peint, sur socle. Les plumes manquent. Haut. 0,47.

Sur le socle, cinq lignes d'inscriptions :

« Discours à Osiris qui réside dans l'Amenti, dieu grand, maître d'Abydos. Il donne tous les biens funéraires (hotepu) à l'Osirienne *Ta-aa-ua* mahhérou. »

Dans le socle est pratiquée une excavation renfermant trois morceaux de linge pliés ensemble.

Inscription de la poitrine :

« Discours à Osiris qui réside dans l'Amenti, dieu grand, seigneur d'Abydos : « Il donne les *hotepu* et les *djefau* au ka de l'Osirienne dame de maison, Ta-aa-ua. »

Inscription du dos :

« Discours à... dieu grand, maître du ciel... Il donne les *hotepu*, les *djefau*, des milliers de toutes choses bonnes et pures au *ka* de la maîtresse de maison, Ta-aa-ua, femme du prophète de Month, maître de Thèbes, Khonsu-mes, fille du prophète d'Amon dans les Aptu Djet-Khonsu (1). »

111. — Statuette funéraire en bois peint, sur socle. L'âme est sur le socle. Les plumes manquent. Haut. totale 0,41. Inscription peu lisible.

112. — Statuette funéraire en bois peint, sur socle. Coiffée des cornes et des plumes. Haut. totale 0,62. Sur la poitrine : « Proscynème à Ra-Hor-Khuti, maître du ciel, chef des dieux. »

---

(1) Voir les nos 104, 105.

Au dos : « Proscynème à Osiris, seigneur d'Abydos. Qu'il donne tous les biens funéraires (hotepu). »

Statue anonyme.

113. — Statuette funéraire en bois peint, sur socle. L'oiseau et les plumes manquent. Haut. totale 0,40. Discours de l'Osirienne Qeres (1).

114. — Statuette funéraire en bois peint. La figure et le disque de la coiffure sont dorés. Haut. totale 0,01.

« Discours de l'Osiris, prophète d'Amon, *am*... Osiris, Nes-pe..... fils du prophète d'Amon *am*, Pet-osor-Ounnofré, makhérou, enfanté par la maîtresse de maison Arouou, makhérou. Proscynème! Libation à Osiris qui réside dans l'Amenti. »

115. — Statuette funéraire en bois peint. Beau travail. Haut. 0,53. La coiffure manque. Les mains sont sur la poitrine :

« Proscynème du prophète d'Amon-Ra, roi des dieux, scribe du temple d'Amon, scribe *Dja-ut* d'Amon, préfet Pemai (?), makhérou. »

116. — Statuette funéraire en bois peint. Haut. totale 0,50.

Sur la poitrine. « Discours d'Osiris qui réside dans l'Amenti, dieu grand, maître d'Abydos. Qu'il donne les biens funéraires. »

Au dos : « Discours de la chanteuse d'Amon Ti-s-Ese-arq-neb, makhérou. »

117. — Statuette funéraire en bois peint, sans socle. Haut. 0,35.

Sur la poitrine : « Proscynème à Osiris qui réside dans l'Amenti. Qu'il donne une bonne sépulture au double (*ka*) de la dame Arouou, makhérou, *neb amkh.*

118. — Statuette funéraire en bois peint, sans socle. Haut. 0,32, Au nom de :

« Aarouou-Dja, makhérou, fils de Haroua (?), enfanté par la dame Heri-Shepes, makhérou, neb... »

119. — Statuette funéraire en bois peint, sans socle, dont on ne peut lire le nom. Haut. 0,32.

120. — Statuette funéraire en bois peint, sans socle ni inscription. Haut. 0,21.

121. — Statuette funéraire en bois peint, sans socle ni inscription. Haut. 0,36.

---

(1) Voir le n° 79.

122. — Statuette funéraire en bois peint, sans socle. Inscription peu lisible. Haut. 0,35.

CANOPES

123. — Canope albâtre, sans tête de Tiaumaut-f. Haut. 0,38.

Tiau-maut-f est gravé sur la panse du vase. « Dit Isis : J'embrasse de mes deux bras pour qu'Amset exerce ma protection envers celui qui est sous la dépendance d'Amset, l'Osiris, scribe royal, chef des soldats, Ka-sa, makhérou. »

On le voit, le lapicide s'est trompé et a mis le nom d'Amset pour celui de Tiau-maut-f.

Cette même erreur se reproduit n° 125.

124. — Canope albâtre. Tête de Kebhsennouf. — Le dieu est gravé sur la panse. Invocation par Selk. Même formule. Haut. 0m41.

125. — Canope albâtre, tête d'Hapi. Haut. 0m47. Le dieu est gravé sur la panse. Invocation de Nephtys à Amset. Même formule.

126. — Canope albâtre, tête d'Amset. Haut 0m48. Invocation de Neith à Amset, dont le nom est orthographié Mestha.

La jolie statuette n° 169 appartient au même individu.

127-128-129-130. — Vases canopes ayant appartenu au prophète de Month-neb-uas Bes-n-maut. Chacun des génies dit au défunt : « Je te fais toute protection chaque jour » (1). La tête d'Hapi manque.

131-132. — Canopes au nom du chef de troupes Psammetik, fils de Ta-ti-bast. Vases de Tiaumaut-f. et d'Hapi.

133. — Canope. Calcaire blanc. Haut. 0m38. Tête d'Amset. Inscription très effacée.

134. — Canope. Calcaire blanc. Haut. 0m36. Tête d'Hapi. Anonyme.

135. — Canope. Calcaire. Haut. 0m40. Tête de Tiaumaut-f. Anonyme.

136. — Canope. Calcaire. Haut. 0m35. Tête de Kebh-sennou-f. Anonyme.

137. — Canope. Calcaire. Haut. 0m41. Tête d'Amset. Anonyme.

(1) Voir le n° 73, note 1.

138. — Canope. Calcaire. Haut. 0m25. Tête d'Amset.

139. — Canope. Calcaire. Haut. 0m25. Tête de Tiaumaut-f.

Têtes de Canopes.

140. — Amset. Albâtre. Haut. 0m17. Beau travail.

141. — Amset. Albâtre. Haut. 0m14. Beau travail.

142. — Amset. Albâtre. Haut. 0m15.

143. — Amset. Calcaire blanc. Retouches noires. Haut. 0m10.

144. — Amset. Calcaire blanc. Retouches noires. Haut. 0m10

145. — Amset. Calcaire. Haut 0m11.

146. — Tiau-maut-f. Albâtre. Haut. 0m14.

147. — Hapi. Calcaire. Haut. 0m17. Retouches noires.

148. — Hapi. Calcaire. Haut. 0m16.

149. — Hapi. Calcaire. Haut. 0m16. Traces de peintures.

150. — Hapi. Calcaire. Haut. 0m12. Retouches noires.

151. — Hapi. Calcaire. Haut. 0m12. Retouches noires.

152. — Hapi. Calcaire. Haut. 0m11.

153. — Kebh-sennou-f. Terre cuite. Haut. 0m12.

154. — Amset. Terre cuite. Haut. 0m14.

155. — Hapi. Bois peint en blanc. Retouches noires. Haut. 0m11.

156. — Amset. Bois peint en blanc. Retouches noires. Haut. 0m11.

157. — Amset. Terre cuite rouge ayant été peinte. Haut. 0m14.

158. — Amset. Terre cuite jaune. Retouches noires La coiffure est peinte en noir. Haut. 0m12.

159. — Amset. Terre cuite jaune. La face est peinte en rouge. Haut 0m13.

160. — Amset. Terre cuite jaune. La face est peinte en rouge. Haut. 0m13.

161. — Amset. Le col d'insertion est très accusé. Haut. 0m10.

CÔNES FUNÉRAIRES

162. — Cône funéraire. Terre cuite. Haut. 0,20, diamètre 0,075.

L'inscription est au nom de l'Enfant du sanctuaire, Monthu-n-neter-Hat.

163-164-165. — Cônes funéraires portant tous trois la même inscription : « Proscynème à Osiris, seigneur d'éternité, prince de perpétuité, fait par le chef des... Djami-f, makhérou. »

STATUETTES FUNÉRAIRES

Ushebti

166. — Calcaire. Haut. 0,26. Au nom du *suten rekh*, chef des troupeaux d'Amon.

167. — Granit noir. Haut. 0,24. Au nom du même personnage.

168. — Calcaire. Haut. 0,25. Les lèvres sont peintes en rouge; les yeux sont cernés de noir. Peinture verte et rouge. Au nom de la dame Takal.

169. — Jolie statuette en pierre grise dure. Ce personnage est coiffé d'une jolie perruque cannelée. Les bras sont le long du corps, enveloppés de la robe plissée. L'âme étend ses ailes sur sa poitrine. Au nom du « chef des soldats du maître des deux mondes, Ka-sa. »

Nous possédons les canopes de ce personnage, Nos 123, 124, 125 126 du catalogue.

170. — Calcaire. Haut 0,26. Au nom du Kher-heb Ka-her.

171. — Bois. Haut. 0,25. Au nom de Pa-Khet.

172. — Basalte. Haut. 0,21. Au nom d'Amen-hotep. Belle pièce

173. — Basalte. Haut. 0,17. Même personnage.

174. — Basalte. Haut. 0,17. Collier d'or au cou. Au nom de Khrot-n-ro-pa-abi.

175. — Email brun. Haut. 0,18. Au nom de Ra-uah-ab, fils de Ta-a-Hor.

176 — Email vert. Haut. 0,18. Au nom de Ra-uah-ab, fils de Ta-hetar.

177. — Email vert. Haut. 0,19. Au nom de Pa-un-hat, fils de Hos.

178. — Email bleu-vert. Haut. 0,19. Au nom de Ptah-smen-Psammétik, fils de Ta-krot-sekhet.

179. — Albâtre. Haut. 0,21. Au nom du scribe royal Djet-s-maut.....

180. — Email vert. Haut. 0,17. Au nom de Hor?

181. — Douze statuettes, émail vert, au nom du soldat, Ankh-Hapi mes-n-neit(?). Haut. 0,11.

182. — Sept statuettes, émail brunâtre. Au nom de Dje-her-toui, enfanté par Renpe-nefer. Haut. 0,11.

183. — Deux statuettes, calcaire blanc. Au nom de Smeru-ab-mer-Ptah ? enfanté par Neit. Haut. 0,08.

184. — Dix statuettes, émail vert. Au nom de Pa-tep-pe. Haut. 0,13.

185. — Trois statuettes, émail banc. Au nom de Nefer-uadj. Haut. 0,11.

186. — Sept statuettes, émail vert. Au nom de Pe-ti-pa-menkh. Haut. 0,11.

187. — Sept statuettes, émail bleu. Au nom de Hor(?) enfanté par Nefer. Haut. 0,13 et 0,10.

188. — Deux statuettes, émail vert et noir. Au nom de Pe-ti-Ptah. Haut. 0,07.

189. — Deux statuettes, terre cuite peinte. Haut 0,14. Au nom de Hati-nefer.

190. — Statuette bois. Haut. 0,15.

191. — Quatre statuettes, émail vert. Au nom de l'*erpa ha* Ptah-nefer. Haut. 0,11.

192. — Email vert et noir. Au nom du scribe du trésor An-hotep. Haut. 0,13.

193. — Email vert et noir. Au nom de la pallacide d'Amon...

194. — Email vert et noir. Même personnage. Haut. 0,12.

195. — Albâtre. Haut. 0,12.

196. — Calcaire. Haut. 0,12.

197. — Email vert. Au nom de Masherlou.

198. — Email blanc. Au nom de Hapi-meu. Haut. 0,12.

199. — Email vert. Au nom de Hor, fils de Bast-iritis. Haut. 0,11.

200. — Très beau fragment d'une statuette funéraire. Marbre vert d'eau. Haut. 0,07.

201. — Lot de 30 statuettes funéraires peu lisibles ou anonymes.

SCARABÉES

Les scarabées ont été divisés en quatre groupes :
1° Ceux qui portent des inscriptions ritualistiques, le chapitre XXX ou LXIV du Livre des Morts ;
2° Ceux portant des cartouches ;
3° Ceux portant des légendes ou emblèmes mystiques ;
4° Les anonymes.

Scarabées portant des inscriptions ritualistiques

202. — Pierre verte. Chapitre du cœur. Au nom du prophète d'Amon-Ra, roi des dieux... Nes-pa-ka. Long. 0,045.

203. — Pierre verte. Chapitre du cœur. Au nom de Nebi. Long. 0,06.

204. — Pierre jaune. Calcaire. Au nom de Pa-Kal. Chapitre du cœur. Long. 0,055. Belle pièce.

205. — Pierre verte. Au nom du prêtre d'Amon Qaiu-dja-a-aut-f. Chapitre du cœur. Long. 0,05.

206. — Email vert. Chapitre du cœur. Au nom du prophète d'Amon, roi des dieux, chef des mystères du temple d'Amon, Ma-khui. Belle pièce. Long. 0,05.

207. — Pierre verte. Chapitre du cœur. Long. 0,065.

208. — Granit vert. Long. 0,065. Chapitre du cœur. Inscription fruste.

209. — Marbre. Chapitre du cœur. Long. 0,04.

210. — Email bleu. Fragment du chapitre du cœur. Long. 0,04.

211. — Pierre verte. Long. 0,075. Chapitre du cœur. Belle pièce.

212. — Marbre vert. Au nom de l'aimé du dieu Oun, maître du ciel... Djet-amen-auf-ankh. Belle pièce. Long. 0,04.

213. — Pierre noire. Long. 0,05. Inscription fruste.

214. — Pierre grise. Long. 0,05. Inscription lacuneuse commençant par : « O grande âme qui es dans le Tiau, tous les dieux du Kernuter (pacifient ton cœur); ils te donnent la vérité... ô scribe Pet-amen... il se sauve comme ils se sauvent. »

215. — Pierre verte. Inscription en partie effacée. Long. 0,09.

216. — Calcaire. Long. 0,09. Inscription indéchiffrable.

217. — Pierre bleue. Long. 0,06. Inscription contenant une suite de filiations (?).

218. — Pierre noire. Long. 0,05. Inscription peu lisible.

Scarabées portant des cartouches royaux

219. — Scarabée. Email vert. Cartouche Suten-Kab.

220. — Scarabée d'Ahmès-Nefert-Ari.

221. — Quatre scarabées au nom d'Amenhotep.

222. — Scarabée au nom de Ramaka.

223. — Scarabée au nom de Khafra (?).

224. — Six scarabées au nom de Ra-ma-neb.

225. — Quatre scarabées au nom de Ra-user ma-setep-n-ra. Amen-mer-Ramsès. Ramsès II.

226. — Scarabée au nom de Ra-user-kheperu-sotep-n-ra.

227. — Scarabée au nom de User-ma-men.

228. — Trente-six scarabées au cartouche Ra-men-kheper.

229. — Scarabée au nom de Sebek-hotep.

230. — Scarabée au nom de Thotmès.

231. — Double cartouche peu lisible.

Scarabées mystiques et amulette

232. — Sept scarabées. Pierre verte, bleue, noire.

233. — Cinq scarabées sertis d'or pour être montés en bagues.

234. — Dix-huit scarabées émail bleu.

235. — Trente-six scarabées émail gris.

236. — Cinquante scarabées calcaire.

237. — Cent soixante-treize scarabées émail vert.

238. — Quinze petites plaques émail portant des inscriptions.

239. — Quarante-sept scarabées anonymes.

240. — Sept cachets portant des inscriptions.

241. — Quarante bagues. L'une d'elles est composée d'un scarabée monté.

242. — Huit chevets.

243. — Trente-trois signes tat.

244. — Soixante-trois signes Oudja.

245. — Vingt-deux colonnettes uadj.

246. — Trois cercles d'ivoire.

247. — Treize cœurs.

248. — Perles et colliers.

249. — Objets ayant fait partie de colliers.

250. — Quatre signes *sam.*

251. — Objets divers.

V

STATUETTES DE DIEUX

Anubis.

252. — Anubis assis. Belle statue de bronze de 0,53 de haut. Les yeux sont plaqués d'or. Le siège est gravé. Au dos du siège, épervier Ut aux ailes étendues. Deux Nils lient le signe *sam*.
Beau socle de marbre rouge de 0,10×0,32×0,15.

253. — Anubis debout, marchant. Bronze. Haut. 0,18 1/2 Anubis est coiffé du pschent.

254. — Anubis debout, sur un bassin, entre deux crocodiles et un hippopotame. Un épervier, coiffé du disque, étend ses ailes derrière lui. Une tête de bélier est derrière la t ête d'Anubis. Bronze. Haut. 0,075.

255. — Anubis debout, marchant, vêtu d'une tunique talaire. Bronze. Haut. 0,105.

256. — Anubis debout. Bronze. Haut. 0,04. Anneau au dos.

256 *bis*. — Anubis debout. Terre émaillée. Haut. 0,09.

257. — Anubis debout. Métal. Haut. 0,055.

258. — Dix statuettes d'Anubis, terre émaillée (1).

Amon-Ra. — Khem ou Min.

258 *bis*. — Tête et buste d'Amon. Les plumes manquent. Granit gris. Bon travail. Haut. 0,74.

258 *ter*. — Tête et buste d'Amon. Les plumes sont brisées au milieu. Haut. 0,75. Granit.

258 *quat*. — Tête d'Amon. Sans plumes. Granit. Haut. 0,23. Beau travail.

258 *quint*. — Tête d'Amon coiffée du claft sans uréus. Haut. 0,30.

259. — Amon-Ra debout. Bronze. Haut. 0,27. Semble une copie réduite de l'Amon placé sur la cheminée de la Salle des dieux, au Musée du Louvre. Beau travail.

(1) Voir aussi la statue d'Anubis, n° 1.

260. — Amon-Ra debout. Bronze. Haut. 0,23. Les plumes manquent à la coiffure. Traces de dorure.

261. — Amon-Ra debout. Bronze. Haut. 0,23. Les plumes manquent à la coiffure.

262. — Khem ityphallique. Bronze. Haut. 0,215.

263. — Khem ityphallique. Bronze. Haut. 0.16.

Anhour.

264. — Statuette bronze. Haut. 0,09. Cette statuette n'est pas encore débarrassée de sa gangue.

265. — Statuette terre émaillée. Haut. 0,035.

Bès.

266. — Bès debout. Bronze. Haut. 0,11. Il brandit son sabre; il est coiffé de plumes.

267. — Bès debout. Bronze. Haut 0,085. Grande coiffure. Ailes. Pieds brisés. Curieuse statuette.

268. — Bès debout, les mains posées sur le ventre. Il est monté sur un socle où sont gravés les signes *ankh* et *uas* sur le signe *neb*. Sa tête est surmontée de plumes et d'un carré de bois arrondi en ogive par en haut. Haut. totale 0,31.

269. — Bès debout, semblable au nº 263. Haut. 0,31.

270. — Bès. Terre cuite. Haut. 0,13.

271. — Bès. Terre cuite. Haut. 0,12. Les pieds sont brisés.

272. — Tête de Bès. Email bleu. Haut. 0,04.

273. — Trois tetes de Bès. Bas-relief. Terre émaillée.

274. — Douze statuettes de Bès. Terre émaillée.

Imhotep.

275. — Imhotep assis. Bronze. Haut. 0,15.

276. — Imhotep assis. Bronze, Haut. 0,15. Sur le rouleau qu'il tient déployé entre ses mains, est écrit son nom : « Imhotep, fils de

Ptah. » Sur la base : « O Imhotep, donne la vie à Ra-Ptah-hapi, fils de Hapi-ei. »

277. — Imhotep assis. Bronze. Haut. 0,15. Sur le rouleau : « Imhotep, fils de Ptah, enfanté par.... » Sur le socle : « O Imhotep! donne la vie à Pet-Osar-Un-nofré ».

Est-ce le même personnage que le dédicateur de la statue d'Horus enfant, n° 301 ?

Socle marbre.

278. — Imhotep assis. Bronze. Haut. 0,09.

Isis. — Hathor.

278 *bis.* — Torse et cuisses d'une Isis grecque Haut. 0,57. Granit.

279. Isis allaitant Horus. Bronze. Haut. 0,33. Horus a disparu.

280. — Isis allaitant Horus. Bronze. Haut. 0,25. Cornes. Les yeux sont caves.

281. — Isis allaitant Horus. Bronze. Haut. 0,22. Travail fruste.

282. — Isis allaitant Horus. Petit adorant sur la base ; la tête de l'adorant manque. Traces de dorure Les cornes ont disparu. Basse époque. Pierre tendre noir-verdâtre. Haut. 0,22.

283. — Isis allaitant Horus. Bronze. Haut. 0,19.

284. — Hathor debout. Bronze. Haut. 0,18. Tête de vache, cornes, disque, plumes.

285. — Isis debout. Bronze. Haut. 0,17. Elle est coiffée du pschent.

286. — Isis allaitant Horus. Haut. 0,16. La face a été dorée.

287. — Isis allaitant Horus. Haut. 0,155. Fin travail.

288. — Isis allaitant Horus. Belle statue bronze, ayant été entièrement dorée. Haut. 0,18.

289. — Hathor. Bronze. Haut. 0,15. Elle est coiffée du signe de la maison ainsi que dans les chapiteaux hathoriens.

290. — Isis debout. Bronze. Haut. 0,125. Elle est coiffée du pschent. Petite inscription sur la base.

291. — Isis allaitant Horus. Bronze. Haut. 0,115.

292. — Isis debout. Bronze. Haut. 0,06.

293. — Tête et torse d'Isis allaitant Horus. Terre émaillée bleue et verte. Haut. 0,075.

294. — Isis allaitant Horus. Bois. Haut. 0,08.

295. — Isis. Terre cuite de basse époque. Haut. 0,11.

296. — Isis allaitant Horus. Haut. 0,085. Terre émaillée verte. Belle pièce.

297. — Isis allaitant Horus. Haut. 0,10. Terre non émaillée.

298. — Isis allaitant Horus. Haut. 0,12. Calcaire.

299. — Quatorze statuettes d'Isis allaitant Horus. Terre émaillée.

300. — Vingt-sept statuettes d'Isis debout. Une est en bronze, vingt-six en terre émaillée.

Horus. — Harpocrate.

301. — Horus debout. Bronze. Haut. 0.23. Pschent et boucle. Sur la base : « O Horus l'enfant ! donne la vie à Pe-ti-Osar-un (Nofré), fils de Ptah-ar-ti-s. »

302. — Horus debout. Bronze. Haut. 0.23. Coiffé du serre-tête.

303. — Horus debout. Bronze. Haut. 0.13. Coiffé du claft surmonté d'une grande coiffure sur cornes au bout desquelles pendent deux uréus mobiles.

304. — Horus debout. Bronze. Haut. 0.12. Coiffé du serre-tête du disque lunaire et de l'*atef*. Socle en marbre.

305. — Horus debout. Bronze. Haut. 0.12. Coiffé du pschent et de la boucle.

306. — Horus debout. Bronze. Haut. 0.095. Coiffé du serre-tête et de la boucle.

307. — Horus debout. Bronze. Haut. 0.09. Coiffé du serre-tête. La boucle est cassée.

308. — Horus assis. Bronze. Haut. 0.20. Coiffé du pschent et de la boucle de cheveux.

309. — Horus (?) assis. Bronze. Haut. 0.17. Barbe osiriaque, disque lunaire.

310. — Horus assis. Bronze. Haut. 0.145, Très beau travail. Yeux plaqués d'argent. Boucle.

311. — Horus assis. Bronze. Haut. 0.13. Bras droit brisé au coude. Boucle

312. — Horus (?) assis. Bronze. Haut. 0.13. Semblable au n° 309.

313. — Horus assis. Bronze. Haut. 0,13. Même coiffure que le n° 303, sans uréus.

314. — Horus assis. Bronze. Haut. 0.12. Coiffé du claft, du disque lunaire, des cornes, des plumes et de l'uréus.

315. — Horus assis. Bronze. Haut. 0.11. La coiffure, dont le haut manque, est semblable aux n°s 303 et 313.

Horus enfant.

316. — Horus assis. Bronze. Haut. 0.105. Coiffé du claft et de la boucle. Le reste de la coiffure a disparu.

317. — Horus assis. Bronze. Haut. 0.105. Voir le n° 315.

318. — Horus assis. Bronze. Haut. 0.10. Coiffé de la boucle. Bras droit brisé au poignet.

319. — Horus assis. Bronze. Haut. 0.10. Yeux plaqués d'argent.

320. — Horus assis. Bronze. Haut. 0.095. Coiffé de la boucle.

321. — Horus debout. Coiffé du pschent. Pierre grise. Haut. 0.12.

322. — Horus debout. Coiffé du disque. Terre émaillée. Haut. 0.09. Jolie pièce.

323. — Horus debout. Terre émaillée. Haut. 0.08.

324. — Horus sur les crocodiles. Haut. 0.10. Pierre brune. Jolie pièce portant l'inscription ordinaire finement gravée.

325. — Horus sur les crocodiles. Haut. 0.10. Pierre grise. Travail très fruste.

326. — Douze amulettes représentant Horus enfant entre Isis et Nephtys. Terre émaillée.

327. — Quinze statuettes d'Horus debout. Terre émaillée.

Khnum.

328. — Khnum debout. Bronze. Haut. 0.245. Disque d'or appliqué sur le bas de la coiffure osirienne épanouie en fleur par en haut et terminée par une boule.

329. — Khnum debout. Bronze. Haut. 0.08.

330. — Six statuettes de Khnum. Terre émaillée.

331. — Moule en terre cuite ayant servi à estamper des figures de Khnum. Terre cuite. Haut. 0.05.

Nofré-Toum.

332. — Nofré-Toum, coiffé de ses insignes. Bronze. Haut. 0.40. Les pieds qui manquaient ont été refaits en bois. Incrustations d'or. Belle pièce.

333. — Nofré-Toum. Bronze. Haut. 0,17.

334. — Nofré-Toum monté sur un lion. — Terre émaillée. Haut. 0.13. Belle pièce.

335. — Quatre statuettes de Nofré-Toum. Terre émaillée. Et une tête du même dieu.

Neit.

336. — Neit debout. Coiffée de la couronne rouge. Bras droit cassé. Bronze. Haut. 0.16.

337. — Neit debout. Coiffée de la couronne rouge. Lapis-lazuli finement gravé. Haut. 0.035.

Nephtys.

338. — Six statuettes de Nephtys. Terre émaillée.

Ma.

339. — Statuette de Ma. Lapis-lazuli. Haut. 0,015.

Osiris.

Nous avons classé dans les monuments historiques la figure d'Osiris, nº 3.

340. — Osiris assis. Granit. Haut. 0.46.

341. — Osiris debout. Bronze. Haut. 0.52. Beau socle d'albâtre.

342. - Osiris debout. Bronze. Haut. 0.41. Le bout de la plume gauche est brisé.

343. — Osiris debout. Bronze. Haut. 0.41. Les yeux sont vides. Le dessin des genoux est accusé sous la tunique. Des adorants sont gravés sur la base : à droite, trois à tête de chacal, à gauche, trois à tête d'épervier.

344. — Osiris assis. Bronze. Haut. 0.32. Sur le socle des pieds : « O Orisiris, donne la vie à Necht-Hor-Ha, fils de Hor-pe-khrot. »

345. — Osiris debout. Bronze. Haut. 0.31. Joli travail. Les plumes de la coiffure ont été faites séparément et rapportées.

346. — Osiris debout. Bronze. Haut. 0.27. Beau travail.

347. — Osiris debout. Bronze. Haut. 0.24.

348. — Osiris debout. Bronze. Haut. 0.24. Le haut de la coiffure manque, le dos est cassé.

349. — Osiris debout. Schiste. Haut. 22 1/2. Beau travail. Traces de dorure. Les pieds manquent.

350. — Osiris debout. Pierre grise. Haut. 0.21.

351. — Osiris. Bronze. Haut. 0 18. Coiffure : Claft avec uréus surmonté du pschent. Le dossier de son siège a la forme d'un obélisque.

352. — Osiris debout. Bronze. Haut. 0.17. Bout de plume cassé.

353. — Osiris debout. Bronze. Haut. 0,17.

354. — Osiris debout. Bronze. Haut. 0.16. Fin travail.

355. — Osiris debout. Bronze. Haut. 0.16.

356. — Osiris debout. Bronze. Haut. 0.16.

357. — Osiris debout. Bronze. Haut. 0.15. Beau travail. Anneaux à la base et au dos.

358. — Osiris debout. Bronze. Haut. 0.12.

359. — Osiris debout. Bronze. Haut. 0.12.

360. — Osiris debout. Bronze. Haut. 0.12.

361. — Osiris assis. Bronze. Haut. 0,12. Cette statuette a été incrustée profondément et dorée. Curieux travail. Traces de dorure.

362. — Osiris debout. Bronze. Haut. 0.11 1/2.

363. — Osiris debout. Bronze. Haut. 0.11.

364. — Osiris debout. Bronze. Haut. 0,10 1/2. Formes grossières, travail fin. — Sur la base à anneau, est gravé par devant le scarabée ailé, par derrière une petite inscription hiéroglyphique peu lisible.

265. — Osiris debout. Bronze. Haut. 0.10. Les plumes de la coiffure ont disparu.

266. — Osiris debout. Bronze. Haut. 9 1/2. Coiffure surchargée d'uréus.

367. — Osiris debout. Bronze. Haut. 0.08 1/2.

368. — Osiris debout. Bronze. Haut. 0.07 1/2.

369. — Osiris debout. Bronze. Haut. 0.07.

370. — Osiris debout. Bronze. Haut 0.07.

371. — Osiris debout. Bronze. Haut. 0.07.

372. — Osiris debout. Argent. Haut. 0.055. A fait partie d'un collier. Anneau au dos.

373. — Osiris assis. Haut. 0.11. Bronze.

Ptah

374. — Ptah. Bronze doré. Haut. 0.305. Beau travail.

375. — Ptah. Bronze. Haut. 0.20. Sur la base : « Ptah ! donne la vie à Ptah-a-iritia, fils de Petineb... »

376. — Ptah. Bronze. Haut. 0.18. Les yeux sont dorés. Fines ciselures. Beau travail.

377. — Ptah. Bronze. Haut. 0.16. Sur le corps et la base, belles incrustations d'or. Très beau travail.

378. — Ptah. Bronze. Haut. 0.145. Inscription fruste sur la base. — Socle marbre.

379. — Ptah. Bronze. Haut. 0.14. Socle marbre.

380. — Ptah. Bronze. Haut. 0.135.

381. — Ptah. Bronze. Haut. 0.12.

382. — Ptah. Bronze. Haut. 0.12.

383. — Ptah. Bronze. Haut. 0.075. Socle marbre.

384. — Ptah. Schiste. Haut. 0.21. Le bas des jambes est brisé. Beau travail.

385. — Ptah. Terre émaillée. Haut. 0.05. Au dos la petite inscription suivante : « O Ptah à la belle face! Il donne toute vie et toute santé éternellement. »

386. — Ptah. Pierre verdâtre. Haut. 0.05.

387. — Ptah embryon. Derrière lui est Nofré-Toum ; Isis, Nephtys et deux éperviers sont à ses côtés. Terre desémaillée. Haut. 0.10.

388. — Ptah embryon. Il est monté sur des crocodiles. Une déesse étend ses ailes derrière lui. Isis, Nephtys et deux éperviers sont à ses côtés. Terre émaillée. Haut. 0.75.

389. — Ptah embryon. Même description. Haut. 0.07.

390. — Ptah embryon. Hathor est derrière lui. Terre émaillée. Haut. 0.07.

391. — Ptah embryon. Haut. 0.055. Terre noire.

392. — Ptah embryon. Terre émaillée. Haut. 0.04.

393. — Ptah embryon. Terre émaillée. Haut. 0.07.

394. — Ptah embryon. Haut. 0.05.

395. — Dix statuettes de Ptah embryon. Terre émaillée.

396. — Tête de Ptah, coiffé de la mèche, du disque lunaire. Il porte son doigt à sa bouche. L'insigne de Nofré-Toum est derrière lui. Terre émaillée. Haut. 0.06.

397. — Trois têtes de Ptah et une d'Imhotep.

Sekhet et *Bast.*

398. — Sekhet debout. Bronze. Haut. 0.23. Disque doré sur la tête. Sur la base : « Sekhet ! donne la vie... à Hor-pe-khrot ». Socle marbre

399. — Sekhet debout. Bronze. Haut. 0.22. Coiffée du disque. Sur la base: « Sekhet, la grande amante de Ptah, donne la vie à Hornecht... ». Socle albâtre.

400. — Sekhet debout, coiffée du disque. Bronze. Haut. 0.18.

401. — Bast debout. Bronze. Haut. 0.17. Elle tient l'égide de la main gauche. La main droite manque. Elle est posée sur les pieds d'une statuette plus petite.

402. — Bast debout. Bronze. Haut. 0.16. Les yeux sont plaqués d'or. Elle tient l'égide. Inscription hiéroglyphique sur la base.

403. Sekhet debout, coiffée du disque. Bronze. Haut. 0.155. Socle marbre.

404. — Sekhet debout, coiffée du disque. Bronze. Haut. 0.14.

405. — Sekhet debout. Bronze. Haut. 0.11. Le disque est brisé. Socle albâtre.

406. — Bast debout. Bronze. 0.10. La main gauche est brisée.

407. — Bast debout. Bronze. Haut. 0.095. Semblable au n° 408.

408. — Bast debout. Bronze. Haut. 0.08. Elle porte l'égide, le sistre et le panier.

409. — Bast debout. Bronze. Haut. 0.08. Semblable au n° 408.

410. — Sekhet assise. Bronze. Haut. 0.12. Le disque est brisé.

411. — Tête de Sekhet. Terre émaillée. Haut. 0,07.

412. — Sekhet debout. Terre émaillée. Haut. 0,10.

413. — Sekhet debout. Terre émaillée. Haut. 0,08.

414. — Sekhet assise. Terre émaillée. Haut. 0,06.

415. — Sekhet assise. Terre émaillée. Haut. 0,04.

416. — Egide à tête de Sekhet. Brisée par la base.

417. — Petite statuette de Sekhet debout. Haut. 0,04.

418. — Deux statuettes de Sekhet. Terre émaillée.

Shu soulevant le monde.

419. — Shu. Le bras droit est cassé. Terre émaillée. Belle pièce. Haut. 0,065.

420. — Quatre petites statuettes de Shu. Terre émaillée.

Ta-urt ou Apet.

421. — Ta-urt tenant devant elle le signe *sa*. Bronze. Haut. 0,11.

422 — Ta-urt tenant devant elle le signe *sa*. Terre émaillée. Haut. 0,10.

423 à **430**. — Ta-urt marchant. Terre émaillée. Hauteur moyenne 0,06.

431. — Sept petites statuettes de Ta-urt.

Sebek.

432. — Sebek debout, à tête de crocodile. Bronze. Haut. 0,15. Socle marbre.

Tefnout.

433. — Bronze. Haut. 0,17. Tefnout, coiffée du disque et de l'uréus, et un dieu barbu à perruque ronde, uréus. (Shu), coiffé de quatre plumes droites. Egide. —Deux uréus latéraux à la partie rectangulaire qui est en dessous. Deux anneaux au dos.

434. — Bronze. Haut. 0,13. Même disposition que le N° 433. Le dieu est représenté en bas-relief sur la partie carrée, marchant et tenant une fleur de lotus à sa main.

En dessous, dans la partie ronde, un poisson et des herbes en bas-relief. Un anneau au dos.

435. — Bronze. Haut. 0.13. Même disposition que les N°s 433 et 434, Tefnout est gravée sur la partie carrée. Le poisson et les herbes sont dans la partie ronde. Pas d'uréus latéraux. Au dos un anneau et inscription. Bon travail.

Thot.

436. — Thot. Terre émaillée. Haut. 0,12. Traces de dorure.

176. — Thot. Terre émaillée. Haut 0,12. Belle pièce.

438. — Thot portant l'œil de Ra. Haut. 0,06. Terre émaillée bleue et noire.

439. — Thot. Terre émaillée Haut. 0 045.

440. — Seize petites statuettes de Thot. Terre émaillée.

Divers.

441. — Deux statuettes de Hobs (?), dieu à tête de lion. Terre émaillée.

442. — Dieu (?) debout, en marche. Bronze. Haut. 0,20. Les insignes qui surmontaient le claft ont disparu. Claft très large avec filets d'or. Les yeux et les sourcils ont dû être incrustés Les bras pendent le long du corps, Très bon travail. Socle marbre.

443. — Dieu debout. Bronze. Haut 0,10. Perruque ronde. Il est coiffé du pschent. Barbe tressée. Bras droit brisé près du poignet.

444. — Dieu assis. Bronze. Haut. 0,10. Tunique et insignes osiriens. Il est coiffé du pschent. Barbe. Le haut de la coiffure a disparu.

Groupes.

445. — Groupe composé de la triade Osiris, Isis, Horus. Bronze. Haut. 0,12.

446. — Groupe composé de la triade Osiris, Isis, Horus. Bronze. Haut. 0,035.

Génies funéraires.

447. — Dix-sept bas-reliefs de génies funéraires. Terre émaillée. Haut. moyenne 0,06.

448. — Moule en deux pièces pour figures d'Amset. Calcaire. Haut. 0,10, larg, 0,035.

449. — Moule pour figures d'Amset. Calcaire. Haut. 0,11, larg. 0,04.

449 bis. — Moule pour figures d'Amset. Calcaire. Haut. 0,12, larg. 0,085.

Plaques émaillées

450. — Plaque émaillée : Un homme vêtu de la grande tunique adore Osiris. Devant lui sont les quatre Mesu-Hor sur une fleur de lotus Haut. 0,11, larg. 0,10.

451. — Plaque émaillée. Les dessins saillent sur creux ; dans les creux sont des restes d'émail rouge et bleu.

A gauche, le dieu Hapi lie le signe *sam*.

A droite, Uadjit est sur une corbeille montée sur trois fleurs de lotus. Elle dit : « Je te donne les aliments funéraires par moi, toute dilatation de cœur, toute santé (moi) Uadjit de Pa et de Dep, dame de la bonne demeure (?). Elle donne toute vie et stabilité. »

452. — Seize statuettes ou morceaux de statuettes.

VI

ANIMAUX

Apis. Mnevis.

453. — Groupe composé de deux sujets rapportés après coup. Ces deux sujets ne provenant pas de la même fabrique sont :

1° Une statue de roi à genou. Bronze. Haut. 0,155. Le roi, coiffé du claft à uréus, met le genou gauche en terre. Il ramène le bras droit sur la poitrine, poing fermé.

Le bras droit a été rapporté à l'époque antique. Trou au genou droit. Tourillons sous le pied gauche, le pied droit et le genou gauche. Joli travail.

2° Une vache. Bronze. Haut. à l'encolure 0,10. Cette statue ne présente aucune inscription. Les signes caractéristiques gravés ordinairement sur le dos n'existent pas.

454. — Groupe composé de deux sujets rapportés après coup, mais se complétant l'un l'autre.

1° Statue de roi à genoux. Bronze. Haut. 0,10. Le roi, coiffé du claft orné de l'uréus, vêtu de la shenti, met les deux genoux en terre. Il étend les bras en avant un peu plus haut que les genoux. Trace d'incrustation sur la ceinture ayant peut-être composé son cartouche (?).

2 Statue d'Apis. Bronze. Haut. à l'encolure 0,094. Haut. du socle bronze 0,02. Les cornes, le disque, l'oreille gauche sont brisés. Sur le corps plusieurs gravures. Sur le front, triangle en forme de delta renversé. Autour du cou, collier.

Sur l'avant-train, le vautour les ailes étendues. Sur le dos, joli tapis.

Sur l'arrière-train, scarabée les ailes étendues. Sur le socle, inscription : « O Hapi, fils vivant de Ptah, donne vie, santé, durée, une vieillesse grande et heureuse à Pef-aa-Hor, fils de Aa-hotep-r-ei Ptah Hapi (variante : Aa-ro-Ptah), sa mère est Aaru. »

Bon travail Ces deux objets sont montés sur un socle en albâtre.

455. — Apis marchant. Bronze. Haut. à l'encolure 0,08. Socle 0,015.

Le triangle du front est en argent; un collier et un tapis sont gravés. Les cornes, le disque et l'oreille gauche sont brisés.

Inscription hiéroglyphique incomplète sur le socle.

456. — Apis (?) en arrêt. Bronze. Haut. à l'encolure 0,08.

Le signe de *Ut* est gravé sur l'avant-train. Tapis. Le scarabée ailé sur l'arrière-train. La corne et l'oreille gauche sont brisées. N'a pas eu de disque.

457. — Apis en marche. Haut. à l'encolure 0,75. Bronze.

Disque avec uréus. Les deux oreilles sont brisées.

Décoration semblable au N° 454.

458. — Apis marchant. Bronze. Haut. à l'encolure 0,07. Socle 0,004. Très beau travail. Fines gravures.

Le scarabée ailé est gravé sur l'avant-train, le vautour sur l'arrière-train. Inscription sur le socle. Le disque a disparu.

459. — Apis en marche. Bronze. Haut. à l'encolure 0,07. Gravure fruste.

460. — Apis en arrêt. Bronze. Haut. à l'encolure 0,06. Coiffé de l'uréus et non du disque.

Vautour (?) gravé sur l'avant-train. Tapis.

Ut gravé sur l'arrière-train. Les deux cornes sont brisées.

461. — Apis marchant. Bronze. Haut. à l'encolure 0,005. Collier, tapis. Vautour à l'avant et arrière-train (?). Le bas de la tête est mangé. Disque et uréus.

462. — Apis en marche. Bronze. Haut. à l'encolure 0.055. Disque et uréus. Gravure comme sur le N° 458.

463. — Apis en marche. Bronze. Haut. à l'encolure 0,055. Collier, tapis. Scarabée ailé à l'avant-train. *Ut* à l'arrière-train. Le disque a disparu.

464. — Apis en marche. Bronze. Haut. à l'encolure 0,055. Sans gravures.

464 *bis* — Morceau de stèle provenant du Sérapeum de Memphis. Apis, avec ses marques noires, marche vers la droite. Il est coiffé du disque. Il est nommé : Hapi, fils d'Osiris.

Calcaire. Haut. 0,10.

465. — Apis en marche. Bronze. Haut. à l'encolure 0,035. Gravures : *Ut* à l'avant-train, le scarabée à l'arrière-train. Tapis. Disque et uréus.

466. — Apis en arrêt. Bronze. Haut. à l'encolure 0,035. Gravures comme sur le N° 458. Disque et uréus.

467. — Apis en marche. Bronze. Haut. à l'encolure 0,03. Gravures comme sur le N° 458. Disque et uréus.

468. — Apis en marche. Bronze. Haut. à l'encolure 0,025. Disque et uréus. Anneau au-dessus du cou.

469. — Tête d'Apis (?) sans gravures.

470. — Apis en marche, Pierre verte. Haut. à l'encolure 0,05. La tête est brisée. Gravures : Deux vautours étendant leurs ailes.

471. Apis en marche. Bronze. Haut. 0,04.

472. — Deux petites statuettes d'Apis. Terre émaillée. Haut. 0,01.

Ame.

473. — Statuette représentant deux oiseaux à tête humaine. Terre émaillée. Haut. 0,55.

Chacals.

474. — Chacal accroupi, posé sur une colonnette portant une petite inscription. La queue est carrée. Bronze. Haut. totale 0,125.

475. — Chacal debout, entre deux uréus, l'un coiffé de la couronne rouge, l'autre de la couronne blanche. Devant eux, un homme, à genoux, est en adoration. Haut. 0,10.

476. — Chacal debout. Bronze. Haut. 0,035.

477. — Chacal couché. Bronze. Haut. 0,025.

478. — Huit chacals couchés. Bois peint en noir. Bon travail. Ont recouvert des coffrets funéraires.

Chats.

479. — Chat. Bronze. Haut. 0,30. Gravures : Collier autour du cou. Scarabée sur la tête. Beau socle de marbre. Les yeux sont caves.

480. — Chat. Bronze. Haut. 0,28. Gravure : Collier autour du cou. Les yeux sont caves. Patte gauche disparue. Cuisse gauche brisée. Beau travail.

481. — Chat. Bronze. Haut. 0,20. Gravure : Collier duquel pend un oudja. Bon travail.

482. — Chat. Bronze. Haut. 0,195. Un œil est cave, l'autre garde encore le morceau de cristal antique. Bon travail.

483. — Chat. Bronze. Haut. 0,145. Gravure : Scarabée sur la tête. Collier autour du cou. Bon travail.

484. — Chat. Bronze. Haut. 0,15. Gravure : Collier autour du cou. En-dessous, l'*oudja* sur le signe *neb*.

485. — Chat. Bronze. Haut. 0,08.

486. — Chat. Bronze. Haut. 0,065. Monté sur une colonnette lotiforme, sur laquelle est gravée une inscription hiéroglyphique très fruste. Haut. totale 0,15.

487. — Chat. Bronze. Haut. 0,065. A fait partie d'un monument semblable au nº 486.

488. — Chat. Bronze. Haut. 0,05.

489. — Chat. Bronze. Haut. 0,045. Perché sur une anse de vase à trois attaches. Deux rivets restent encore.

490. — Tête de chat. Bronze. Haut. 0,035.

491. — Tête de chat. Bronze. Haut. 0,035.

492. — Tête de chat. Bronze. Haut. 0,035.

493. — Tête de lion décorative. Haut-relief carré. Bronze. Haut. 0,05.

494. — Quatre statuettes de chat. Terre émaillée. Haut. 0,04.

Cynocéphales.

495. — Cynocéphale assis, coiffé du disque et du croissant lunaire. Bronze. Haut. 0,125.

Sur la base, brisée en partie, se lit le nom de Sheshonq, **XXIIe dynastie.**

496. — Cynocéphale. Terre émaillée. Haut. 0,07.

497. — Cynocéphale portant les mains à sa bouche. Calcaire. Haut. 0,07.

498. — Deux statuettes de cynocéphale. Terre émaillée.

Béliers.

499. — Cinq statuettes de béliers couchés. Terre émaillée.

Eperviers.

500. — Epervier monté sur un petit édicule. Il est coiffé du pschent dont le lituus est cassé. Un petit épervier est placé sous le grand. Bronze. Haut. totale 0,285.

501. — Epervier monté sur un petit édicule. Il est coiffé du pschent dont le lituus est cassé. Bronze. Haut. totale 0,185. Les yeux ont un cercle d'or.

502. — Plaque de bronze découpé, ayant été émaillée. Elle représente Ra-Hor-Khuti à tête d'épervier, accroupi. Il tient le signe *nefer*. Au-dessus de sa tête et au-dessus du signe *nefer* sont des disques. Haut. 0,105.
On voit ce dieu peint de même, stèle n° 86.

503. — Epervier coiffé du pschent sans lituus ni uréus. Haut. 0,10.

504. — Epervier. Bronze. Haut. 0,035.

505. — Tête d'épervier penchée. A probablement fait partie d'un brûle-parfums. Haut 0,055.

506. — Epervier coiffé de l'uréus, du disque et de deux plumes droites, à côté d'un poisson coiffé semblablement. Bronze. Haut. 0,055.

507. — Epervier coiffé du disque perché sur un naos. Ce naos, dans lequel était renfermée l'image du dieu, est gardé, aux quatre coins, par les quatre *mesu-hor* Amset, Hapi, Tiaumaut-f, Khebsennou-f. L'un d'eux a disparu. Curieuse pièce. Haut. totale 0,15.

508. — Epervier perché sur un coffret à figurines funéraires. Bronze. Haut. totale 0.16.

509. — Epervier. Terre émaillée. Haut. 0,05.

510. — Trois statuettes d'éperviers. Terre émaillée.

Gazelle.

511. — Gazelle couchée. Terre émaillée. Haut. 0,015.

Grenouille.

512. — Grenouille. Bronze. Haut. 0,02.

Ibis.

513. — Tête d'ibis en bronze. Haut. 0,07.

514. — Ibis couché. La déesse Ma est assise devant lui. Terre émaillée. Haut. 0,03.

515. — Trois ibis couchés. Terre émaillee.

516. — Ibis (?) debout. Bronze découpé. Haut. 0,02.

Ichneumons.

517. — Ichneumon. Bronze. Gravures : Sur l'avant-train, le scarabée ailé ; sur l'arrière-train, le vautour les ailes étendues. Haut. 0,035. Monté sur socle parallélipipédique.

518. — Ichneumon bronze. Haut. 0,025. Même décoration que le n°517. La queue est cassée.

519. — Ichneumon. Bronze. Haut. 0,035. — Traces de dorure.

520. — Ichneumon. Bronze. Haut. 0,025.

521. — Ichneumon. Bronze. Haut. 0,025.

522. — Ichneumon (?). Calcaire. Haut. 0,015.

523. — Dix statuettes d'Ichneumons et de crocodiles.

Lièvre.

524. — Lièvre. Terre émaillée. Haut. 0,02.

Lions.

525. — Lion couché. Terre émaillée. Haut. 0,02, larg. 0,05.

526. — Cinq lions couchés. Terre émaillée.

Poissons.

527. — Poisson semblable à celui décrit n° 506. Haut. 0,03.

528. — Poisson à queue recourbée monté sur un insigne de nôme. Haut. 0,05.

Insigne du XVIe nôme de l'Egypte, nôme Thmuite.

529. — Poisson, pierre noirâtre. Long. 0,105, haut. 0,04.

529 *bis*. — Poisson. Bronze. Long. 0,04.

Sphinx.

530. — Sphinx accroupi. Haut. 0,04. Pierre noire dure. Bon travail.

531. — Sphinx debout. Bronze, Haut. 0,05. Coiffé des cornes, du disque et des deux plumes.

532. — Sphinx accroupi. Haut. 0,045. Terre cuite.

Uréus.

533. — Uréus se dressant sur une colonnette brisée par la base. Bronze. Haut. totale 0,10.

534. — Deux uréus rapportés sur un même socle et se dressant l'un contre l'autre. Les têtes manquent. Bronze. Long. 0,28.

535. — Uréus se dressant, sur un parallélipipède en bronze. Long 0,20.

536. — Trois uréus. Terre émaillée.

Vautour.

537. — Vautour. Bois. Haut. 0,14.

Moules.

538-539-540. — Moules d'oiseau *bennou*. Calcaire. Larg. 0,09.

541. — Vingt-neuf oiseaux provenant de statuettes funéraires.

VII

OBJETS EN VERRE

Nous faisons un chapitre spécial pour les objets en verre. Ces objets sont encore rares en Europe, c'est pourquoi nous en avons donné une description détaillée.

542. — Anubis tenant le tat. Anubis est de face. Pâte bleue, le tat est jaune. Haut. 0,045.

543. — Anubis tarischeute. Il est vêtu d'une longue robe. Il étend la main droite sur la momie couchée sur son lit funèbre. De la main gauche il tient un pot d'onguents et des bandelettes.
Pâte bleue, veinée de blanc. Haut. 0,04.

544. — Même sujet. Anubis est en pâte bleue, le reste en pâte rouge. Haut. 0,03.

545. — Anubis versant une libation. Pâte noire.

546. — Statuette de Bès. Pâte bleue, filets jaunes. Haut. 0,03.

547. — Trois pièces. Hathor à tête de vache, fait une libation. Pâte bleue. Haut. 0,025.

548. — Génie funéraire Amset. Quatre pièces. Deux pâte noire. une pâte jaune, la dernière pâte blanche.

549. — Génie funéraire Hapi. Pâte bleue. Haut. 0,04. Deux pièces.

550. — Génie funéraire Tiaumautf. Pâte bleue. Haut. 0,04.

551. — Horus faisant une libation. Pâte rouge. Haut. 0,03.

552. — Horus accroupi, hiéracocéphale. Pâte verte. Haut. 0,025.

553. — Trois Isis se lamentant. Pâte bleue. Haut. 0,03 et 0,02. Et une Nephtys se lamentant. Pâte bleue, l'insigne en pâte jaune. Haut. 0,035.

554. — Khnum (?) dans la barque solaire. Pâte jaune. Haut. 0,03. Deux pièces.

555. — Shu soulevant. Il est coiffé du disque. Pâte bleue. Haut. 0,04.

556. — Thot inscrivant sur le signe des milliers d'années. Pâte bleue. Haut. 0,03.

557. — Roi coiffé de la couronne rouge surmontée de l'atef. Pâte bleue. Haut. 0,04. Le bas des jambes est brisé.

558. — Ame levant les mains. Pâte noire. Haut. 0,04.

559. — Ame, pâte bleue, coiffée d'un disque en pâte jaune. Haut. 0,055.

560. — Ame, coiffée du disque. Pâte noire. Haut. 0,04.

561. — Trois âmes, pâte rouge et deux âmes, pâte bleue.

562. — Oiseau *Bah*. Pâte bleue, verte et jaune. Long. 0,035.

563. — Bélier. Pâte jaune. Haut. 0,03.

564. — Trois bœufs liés par les pattes. Deux pâte rouge, un pâte blanche.

565. — Bœuf ou lion acéphale. Pâte rouge. Long. 0,06.

566. — Bœuf Apis couché. Le corps est en pâte rouge ; la tête, les cornes et le disque en pâte bleue. Haut. 0,025.

567. — Cynocéphale debout, faisant une libation. Pâte bleue. Haut. 0,03.

568. — Cynocéphale debout, adorant. Pâte bleue. Haut. 0,04.

569. — Cynocéphale debout, adorant. Pâte jaune. Haut. 0,04.

570. — Cynocéphale accroupi. Pâte rouge. Haut. 0,04.

571. — Cynocéphale accroupi. Pâte rouge. Haut. 0,03.

572. — Cynocéphale accroupi. Pâte verte. Haut. 0,025.

573. — Cynocéphale accroupi. Pâte bleue. Haut. 0.025.

574. — Anubis sur l'édicule. Pâte bleue. Haut. 0,015.

575. — Anubis sur l'édicule. Pâte rouge. Haut. 0,025.

576. — Anubis sur l'édicule. Pâte noire. Haut. 0,03.

577. — Anubis couché. Le corps est en pâte bleue, la tête en pâte blanche. Haut. 0,02.

578. — Anubis assis. Pâte bleue, veinée blanc. Haut. 0,045.

579. — Epervier. Pâte noire. Haut. 0,045.

580. — Epervier. Pâte blanche. Haut. 0,03.

581. — Tête d'épervier sur corps de serpent. La tête est blanche, la coiffure bleue, le corps jaune. Haut. 0,035.

582. — Grenouille. Pâte verte. Haut. 0,025.

583. — Grenouille. Pâte bleue. Haut. 0,02.

584. — Tête de lion sur corps de serpent. Pâte bleue. Haut. 0,04.

585. — Même sujet. Pâte rouge. Haut. 0,03.

586. — Même sujet. Pâte jaune. Haut. 0,03.

587. — Cinq poissons, trois pâte jaune, un vert, un bleu. Long. 0,025.

588. — Sphinx couché. Pâte rouge. Long. 0,045.

589. — Sphinx hiéracocéphale tenant une offrande. Pâte bleue. Long. 0,05.

590. — Sphinx tenant un canope de Kebhsennouf. Pâte rouge et jaune. Long. 0,04.

591. — Même sujet. Pâte verte et jaune. Long. 0,04.

592. — Même sujet. Pâte rouge. Long. 0,04.

593. — Scarabée ailé tenant le disque. Pâte bleue et blanche, Haut. 0,02.

594. — Trois scarabées. Pâte verte, rouge et blanche.

595. — Deux uréus se dressant sur le signe *neb*. Le corps est en pâte bleue, la tête en pâte blanche. Haut. 0,03.

596. — Trois vautours. L'un est en pâte noire, tête blanche.

597. — Divers objets en pâte de verre.

VIII

OBJETS DIVERS

598. — Masque de femme. albâtre. Les yeux sont cernés de noir. Les lèvres sont peintes en rouge. Albâtre. Haut. 0,04.

599. — Tête de femme. Calcaire. Haut. 0,03

600. — Tête de femme. Le masque est en cornaline, la chevelure en pierre noire. Haut. 0,025.

601. — Deux yeux de statue. Email noir et blanc.

602. — Un serpent ailé et un enfant. Cornaline.

603. — Une oreille. Email bleu. Haut. 0,02.

604. — Amulette, terre émaillée, verte. La barque du soleil portant Amon-Ra, Isis (?) et Horus.

605. — Amulette en forme de monument égyptien. Pierre grise. Haut. 0,05.

606. — Quatre boucles. Email bleu.

607. — Une grenouille. Pierre jaune. Haut. 0,01.

608-609-610. — Trois têtes de lions rugissants. Ayant servi de manches (?).

611. — Bœuf couché. Ivoire. Long. 0,055. Ayan servi de manche(?).

612. — Oie en cire. Long. 0,04.

613. — Objets divers.

614. — Momie d'un petit saurien. Long. 0,29 (1).

615. — Huit figures phalliques.

---

(1) Il ne faut pas oublier de rappeler la momie renfermée dans le sarcophage n° 72.

— —

IX

INSCRIPTIONS

616. — Etiquette de momie. Bois. Haut. 0,09. Larg. 0,15. Inscription : ΕΒΙΩΣΕΝΠΕΛΕΙΣ ΕΤΩΝΑΖ.

617. — Planchette portant une inscription démotique de 18 lignes peu lisibles.

ANTIQUITÉS GRECQUES

BRONZES

618. — Statuette grecque. Bronze. Haut. 0,15. Horus enfant, levant la main droite vers sa bouche. La gauche tient une corne d'abondance où s'enroule un uréus.

Il porte sur la tête les rayons, les cornes de Sérapis, la bouche, le croissant et le pschent. La jambe droite est cassée au genou. Beau travail.

619. — Statuette grecque. Bronze. Haut. 11. Homme nu, portant une peau de lion sur l'épaule gauche et paraissant combattre.

620. — Deux statuettes grecques semblables. Bronze. Haut. 0,08. Un homme vêtu du manteau et portant le masque tragique récite une tragédie.

621. — Statuette grecque. Bronze. Haut. 0,05. Un enfant drapé porte la main droite à son menton et réfléchit.

622. — Statuette grecque. Bronze. Haut. 0,05. Hercule luttant. Les deux mains sont cassées. Beau travail.

623. — Haut relief grec. Haut. 0,02. Eros se défendant d'un coq.

624. — Statuette grecque. Bronze. Haut. 0,045. Horus enfant sur une fleur de lotus.

625. — Buste bronze. Haut. 0,06.

626. — Enfant couché, le torse nu. De sa main gauche il tient un coq (?). Il lève la main droite. Haut. 0,06.

627. — Homme barbu, nu, semblant haler une corde. Haut. 0,10.

628. — Enfant accroupi, ouvrant les deux bras. Haut. 0,04.

628 *bis*. — Tête et pectoraux d'un homme barbu, regardant à gauche. Il porte une peau d'animal liée sur l'épaule droite. Haut. 0.13.

629. — Figure grossière. Haut. 0,08.

630. — Tête et cou de cheval tournant la tête à gauche et hennissant. Bon travail. Long. 0,14.

631. — Jument galopant sans cavalier. Haut. 0,07.

632. — Chien marchant. Bronze. Haut. 0.04.

633. — Bœuf. Le corps se termine en feuillages. Long. 0,07.

634. — Deux têtes de lion rugissants, ayant fait partie d'un meuble. Haut. 0,21.

635. — Feuille d'acanthe qui servait à terminer une jambe de lion. Paraît avoir fait partie du même meuble.

MARBRES

636. — Trois femmes drapées autour d'un cippe. Elles sont vêtues de la tunique, à grands plis retombant sur les côtés. Les manches sont plissées. Leur coiffure est à longues tresses tombant sur les épaules. La tête est surmontée d'un calathos.

La première a le bras gauche brisé. Du droit elle relève un pan de sa robe. La seconde fait le même geste. La main gauche, brisée, était posée sur la poitrine. Un lion à la tête brisée est à côté d'elle, accroupi.

La troisième enfin est intacte. Elle tient une patère de sa main gauche, et un faisceau lié de son bras droit. Elle est chaussée.

Marbre. Haut. 0,42.

637. — Aphrodite (?). Torse de femme nue. Le bras droit était levé, la tête était rejetée de côté et le bras gauche baissé. Elle *hanchait* sur la jambe droite.

Belle pièce, délicatement modelée. Haut. 0,16. Marbre.

638. — Jolie tête de femme. Haut. 0,06. Marbre.

639. — Torse de femme, coupé sous les seins. Les deux bras sont ornés de bracelets. Très beau modelé. Haut. 0,06.

640. — Pied, brisé à la cheville. Marbre. Long. 0,085.

641. — Torse d'enfant, tenant une cassette. Marbre. 0,05.

642. — Jeune fille portant des fruits dans les plis de sa robe (?). Ainsi que le numéro précédent, elle est appuyée le long d'un cippe(?) drapé. Marbre. Haut. 0,08.

643. — Tête et cou d'un Jupiter Sérapis. Le dieu regarde à sa droite, la tête légèrement baissée. Le travail de cette pièce est particulièrement soigné.

Basalte. Haut. 0,18. Beau socle marbre rouge. Haut. 0,11.

643 *bis*. — Buste d'un Jupiter Sérapis. Le dieu, vêtu d'une simple tunique, regarde droit devant lui. Basalte. Haut. 0,18. Beau socle de marbre. Haut. 0,11.

644. — Tête d'Apollon. (?). Une bandelette enserre sa chevelure, longue et bouclée. Marbre. Haut. 0,21.

645. — Bacchus, nu, jeune, couché sur des raisins. Travail médiocre. Pierre dure rouge-foncé. Haut. 0,06.

TERRES CUITES

646. — Femme entièrement drapée. La tête manque. Style de Tanagra. Elle a le bras droit replié et de sa main gauche baissée, elle ient une couronne. Elle s'appuie sur la jambe droite. Nombreuses races de peinture bleue sur le manteau. Trou d'évent rond.

647. — Torse et cuisses d'une statuette de femme entièrement drapée. Style de Myrina. La main droite est appuyée sur la hanche, le bras gauche pend. Elle s'appuie sur la jambe gauche. Traces de peinture blanc verdâtre. Haut. 0,12. Jolie pièce. Trou d'évent carré.

648. — Torse et jambes d'une Aphrodite. Une draperie revient sur le genou droit. Le bras droit était levé. Haut. 0,11.

649. — Eros ailé. Il lève la main droite au-dessus de sa tête. De sa gauche il tient un flambeau. Il est vêtu d'une courte tunique, serrée à la taille par une large ceinture. Ses jambes sont couvertes à la phrygienne. Il marche regardant vers la gauche.

Le bas des jambes est brisé. Haut. 0,13.

650. — Eros ailé. Une bandelette entoure sa chevelure bouclée. Ses épaules sont recouvertes d'un pallium. Il joue d'une sorte de guitare au moyen d'un plectrum.

Haut. 0,09. Le bas des jambes est brisé.

651. — Isis allaitant Horus. Travail grec. Elle est coiffée du disque et des cornes. Le groupe repose sur une fleur composée de feuilles d'acanthe mises probablement pour rappeler la fleur de lotus. Hauteur 0,08.

652. — Jupiter Sérapis. Le dieu est assis sur un trône, un escabeau sous ses pieds. De sa gauche, levée, il tient un long sceptre. Le bras droit est baissé. Un aigle est à ses pieds. Haut. 0,07.

653. — Masque tragique. Terre cuite peinte. La figure est blanche et jaune, les lèvres rouges, la chevelure brune. Haut. 0,005.

654. — Bas-relief ayant fait partie d'une patère. Un éros ailé tient dans ses bras la jambe d'un autre amour qui cherche à s'envoler. A droite est un cippe d'Hermès.

Cette composition est brisée par la base. Larg. 0,13. Haut. 0,08.

655. — Vingt-huit statuettes, têtes ou fragments de terre cuite.

656. — Tête de satyre barbu. Calcaire (?) Traces de peinture rouge. Haut. 0,08.

657. — Figure grotesque, imberbe. Plâtre (?). Traces de peinture rouge et rose aux lèvres.

VASES

658. — Vase à peintures noire et rouge. Grande Kélébé.

1. Bellérophon devant Iobate, roi de Lycie.

Bellérophon est monté sur Pégase. Il tient une lance de la main droite et de sa gauche maintient le cheval ailé. Un manteau s'attache à son cou. Il est chaussé.

Iobate est devant lui, et lui enseigne le moyen de combattre la Chimère. Il est coiffé du bonnet phrygien. Il est vêtu d'un manteau et s'appuie sur un bâton. Ses pieds sont chaussés de brodequins.

Derrière Iobate est un jeune doryphore vêtu d'un chiton court. rayé, serré à la taille par une ceinture.

2. Quatre éphèbes drapés, sont groupés deux à deux et semblent causer.

Sur le devant, du bord supérieur, deux lions et deux sangliers semblent combattre.

Ornementation de lierre fleuri sur le col et sur le haut du vase. Palmettes au haut des anses. Haut 0,54, diam. 0,37.

659. — Stamnos à couvercle.

1° Adieux d'Hector. Hector armé d'une cuirasse, les jambes nues, tient un casque à grande crinière à la main droite. Sa main gauche tient une fleur. Devant lui Hécube, à coiffure serrée d'une étoffe, vêtue d'une tunique talaire, tend la lance et le bouclier à son fils. Le bouclier a pour épisème une roue à quatre rayons.

Derrière Hector est Priam, son père. Il s'appuie sur un bâton et paraît plongé dans la douleur. Les pieds sont chaussés.

2° Ménélas poursuivant Hélène. Ménélas, complètement armé, tient une longue lance dans la main droite. Il saisit le bras d'Hélène de sa main gauche. Celle-ci fuit devant son mari, mais retourne la tête et semble la lui cacher de son manteau qu'elle soulève de dessus ses épaules. C'est l'instant où Ménélas, frappé de sa beauté, va laisser tomber ses armes. Un vieillard, appuyé sur un bâton, regarde la scène.

Belle décoration de palmettes. Haut. 0,42. Belle pièce.

660. — Stamnos à couvercle, faisant pendant avec le n° 659.

1. Triptolème et Déméter.

Triptolème est assis sur un char ailé. Il est vêtu d'un chiton talaire et d'un manteau. La tête est couronnée de myrte. De sa main gauche, il tient un long bâton et un faisceau d'épis. De sa main droite il tient une phiale dans laquelle Demeter lui verse un breuvage.

La déesse est vêtue comme Triptolème. Elle est coiffée d'un calathos et porte des boucles d'oreilles.

Elle tient une œnochoé de la main droite. Un long sceptre, surmonté d'une fleur, est dans sa main gauche.

2° Une femme, vêtue d'une tunique talaire, à manches courtes, et d'un manteau, est au milieu. Elle est coiffée d'une étoffe enserrant la chevelure. Elle porte des boucles d'oreilles. De son bras gauche vu en raccourci, elle porte une phiale. Elle étend la main droite au-dessus du vase.

Deux hommes barbus, drapés, sont autour d'elle. Ils sont couronnés de myrte et portent des sceptres.

Même décoration de palmettes que pour le n° précédent. Haut. 0,42.

661. — Amphore de Nola.

1. Procession dyonisiaque.

Un homme barbu, vu de face, porte deux torches. Il est vêtu d'une tunique plissée tombant un peu plus bas que les genoux.

Il regarde une femme, marchant derrière lui. Sa chevelure tombe sur ses épaules. Une bandelette ceint sa tête. Cette femme est vêtue d'un chiton talaire à manches courtes et d'un manteau. Elle porte une torche allumée de la main gauche et une tenie de la droite.

2. Un éphèbe entièrement drapé, la tête couverte d'un pli de son manteau, s'appuie sur un bâton et semble réfléchir.

Palmettes au bas des anses. Haut. 0,37.

662. — Amphore de Nola.

1. Une jeune fille offrant à boire à un éphèbe. Cette jeune fille porte un diadème de feuilles droites dans les cheveux. Elle est vêtue d'une simple tunique s'attachant aux épaules, se nouant aux reins et tombant jusqu'aux pieds. Elle tient une œnochoé dans la main gauche et tend, de sa droite, une phiale vers le jeune homme. Celui-ci est costumé en voyageur. Son polos est à son dos, il est vêtu du pallium et chaussé de sandales formant jambières. Il tient deux longues lances de la main droite et tend la gauche ouverte vers la jeune fille.

2. Un homme barbu, vu de dos, regardant vers la droite. Il est vêtu d'un chiton talaire et d'un manteau. Il tient un sceptre de la main droite.

Sous le pied du vase est le graffiti suivant : KAMAKPA III. Haut. 0,35.

663. — Hydrie de Nola.

Apollon et Artémis.

A gauche, Apollon est assis sur un siège. Il est couronné de myrte, les cheveux noués en deux corymbes. Il est vêtu d'une tunique talaire sans manches et d'un manteau. Il tient sa lyre dans son bras gauche, la main étendue sur les cordes. De son bras droit, il tend une phiale vers Artémis. La déesse est couronnée de myrte un carquois est sur ses épaules. Elle relève le pan de sa tunique plissée de la main gauche; de la main droite, elle tient une œnochoé dont elle épanche le contenu dans la phiale d'Apollon. Une biche est entre les deux personnages et regarde Apollon.

Beau travail. Haut. 0,27.

663. — Tasse italote à deux anses, fond noir, peintures rouges, retouches blanches.

1. Une femme ailée (Niké) vole vers la droite. Elle tient une ténie dans ses mains. Elle est vêtue d'une simple tunique flottante et chaussée de brodequins.

2. Une femme marche à grands pas vers la gauche, tenant un miroir à la main. Elle est parée de boucles d'oreilles et d'un collier. Sa tunique a glissé de son épaule droite et découvre son sein. Elle est drapée dans un manteau. Elle est chaussée de brodequins.

Riche décoration de palmettes. Haut. 0,20.

664. — Vase semblable au précédent.

1. Une femme est assise, la tête retournée vers la droite. Elle tient une torche enflammée dans la main droite et relève la main gauche à son épaule. Elle est parée d'un collier et porte un bracelet enroulé au bras gauche.

Une étoffe est pendue dans le champ du tableau.

2. Un éphèbe est assis sur une étoffe. Il est entièrement nu, sauf les brodequins qui chaussent ses pieds. Il est couronné de myrte. Il tient un sceptre dyonisiaque dans la main droite. Des épis et un tenia pendent de ce sceptre. Il tient un tympanon dans sa main gauche.

Riche décoration de palmettes. Haut. 0,19.

665. — Petite amphore.

1. Un éphèbe est debout, entièrement nu, près d'une borne. Il vient de remporter le prix des jeux. Il tient un rameau dans sa main droite et un strygile dans la gauche. Niké, ailée, vole vers lui et lui apporte ses vêtements.

2. Une femme entièrement drapée est debout, devant un autel. Elle tient une corbeille évasée dans sa main gauche. Haut. 0,20.

666. — Petite amphore.

1. Un éphèbe est debout près de la borne des jeux. Il cause avec un maître de jeux, entièrement drapé.

2. Deux personnages drapés, causant. Haut. 0,18.

667. — Kylix, terre rouge, peinte en noir. Diamètre 0,20. Haut. 0,10.

668. — Œnochoé. Terre blanche, peinte entièrement en noir, filets rouges. Le bouchon de ce vase adhère encore au col. Diam. 0,18. Haut. 0,16.

669. — Canthare. Peinture noire. Haut. totale avec les anses 0,23.

670. — Kalpis à panse cannelée. Une petite guirlande de feuilles orne le col. Haut. 0,155.

Vases à peintures noires

671. — Kylix. Terre rouge. Deux sujets semblables. Un sphinx ailé est accroupi. Deux hommes nus lèvent une main vers l'animal. Palmettes. Les deux anses se sont décollées. Diam. 0,22. Haut. 0,10.

672. — Terre blanche, filets rouges et jaunes. Une zone d'animaux, grossièrement peints en noir, court autour du vase. Haut. 0,08.

673. — Terre blanche, filets jaunes. Une zone d'animaux peints en noir et en rouge court autour de ce vase. On voit un lion, un bouc et une oie. Diam. 0,13. Haut. 0,09.

674. — Terre rouge, filets noirs. Le sujet, double, représente un lion attaquant un taureau qui baisse les cornes. Diam. 0,11. Haut. 0,08.

675. — Alabastron. Terre blanche, peintures noires rehaussées de rouge.

1. Un homme vêtu d'un manteau s'appuie sur un bâton noueux et semble converser avec un individu plus petit que lui, drapé entièrement. Un chien est derrière le premier personnage.

2. Le même personnage (?) offre un lièvre, qu'il tient par les oreilles, à l'individu drapé. Haut. 0,18.

676. — Lécythus. Terre rouge, couverte blanche sur la panse. Décoration géométrique noire. Branche de lierre fleuri sur la panse. Haut. 0.22

677. — Lécythus. Terre rouge, couverte blanche sur la panse. Trois palmettes sont peintes en noir sur cette panse. Haut. 0.12.

678. — Lécythus. Terre rouge, couverte blanche sur la panse. Départ d'Hector (?). Hector monte sur son char, traîné par quatre chevaux. Un écuyer est à côté de lui, une femme tient des rameaux de myrte. Un vieillard, tenant un bâton à la main, est assis devant les chevaux. Haut. 0.14. Le haut du col est brisé.

679. — Lécythus. Terre rouge, peinture noire. Même sujet, grossièrement peint.
Haut. 0.14. Le col est brisé.

680. — Lécythus. Peinture rouge sur fond noir.

Un éphèbe, nu, marche à grands pas vers le but. Il retourne la tête derrière lui. Il tient une haltère dans la main droite.

Haut 0.13. Le col est brisé.

681 à 683. — Aryballe. Terre blanche. On peut encore distinguer un cheval marchant vers la droite, gravé sur la panse.

Et deux autres vases, terre blanche.

684 à 691. — Bombylios, couverte rouge, et sept autres vases ordinaires.

692-693. — Canthare à panse cannelée. Couverte noire. Haut, 0.15, et un petit stamnos.

LAMPES

694. — Lampe à deux becs. Couverte rouge. Rosace. La queue est brisée. Long. 0.13.

695. — Lampe semblable. Terre blanche. Long. 0.13.

696. — Lampe à deux becs, décorée d'une branche de lauriers. Sur la queue, l'aigle est représenté, étendant les ailes sous un buste d'Isis (?). Long. 0.16.

697. — Lampe à un bec. Couverte, rouge. Sujet : Hélios (?) tenant un cheval par la bride. L'anse est cassée. Long. 0.10.

698. — Lampe. Couverte noire. Sujet. Un éphèbe, nu, vu de dos. Long. 0.10.

699. — Lampe. Heraclès, barbu, les deux bras pendants, vu de profil. Long. 0.10.

700. — Lampe. Sujet : Aphrodité se coiffant. En dessous ΕΡΜΕΙΝΟΥ Long. 0.08.

701. — Lampe. Sujet : Un griffon ailé, courant. Long. 0.095.

702. — Lampe. Sujet : un lion courant.

703. — Lampe chrétienne. Sujet : La croix. Long. 0,11.

704. — Tête de satyre formant lampe. Long. 0,06.

705. — Lampe. Long. 0,07.

706. — Lampe. Terre et couverte rouge. Long. 0,07.

707. — Lampe. Long. 0,05.

708. — Lampe. Long. 0,04.

709. — Anse de lampe. Sujet : Tête de Méduse. Long. 0,10.

710. — Anse de lampe en croissant. Long. 0,08.

711 à 714. — Quatre vases en verre, forme de chandelier, etc.

INTAILLES

715. — Niké. Pierre blanche, ovale. Haut. 0,014. Larg., 0,012.

716. — Homme barbu, debout, tenant un vase dans la main gauche. Rubis (?) ovale. Haut. 0,008, long. 0,04.

717. — Tête d'homme barbu. Verre jaune. Haut. 0,14.

ANTIQUITÉS ASSYRIENNES

BAS-RELIEFS

718. — Bas-relief, albâtre. Haut. 0,50, larg. 0,30.
Des guerriers tirent de l'arc vers la gauche. Ces bas-reliefs semblent, ainsi que les inscriptions, provenir de Khorsabad.

719. — Bas-relief, albâtre. Haut. 0,30, larg. 0,29.
Trois archers, barbus, marchent au pas vers la droite. On voit les jambes d'un quatrième.
Brisé en trois morceaux se complétant.

720. — Bas-relief albâtre. Haut. 0,15, larg. 0,11.
Tête et torse d'un homme rasé, portant un sac sur son épaule.
La main droite semble s'appuyer sur une épée.

721. — Bas-relief albâtre. Haut. 0,09, larg. 0,095.
Tête d'un homme à longue chevelure et à face rasée.

INSCRIPTIONS

722. — Plaque albâtre. Long. 0,20. Larg. 0,16. Portant une inscription cunéiforme. Cette inscription appartient à un roi du pays d'Assur (Assyrie) dont le nom a disparu, mais qui possédait (comme Sargon, Sennachérib, etc.), Babylone, le pays de Sumir et d'Accad.

Dans la première ligne on lit encore, après le dernier signe mutilé du nom de Babylone, le titre : « Roi de Sumir » ; ce dernier mot est également mutilé.

Dans la seconde ligne, on voit au commencement la fin du mot *dannu* qui terminait la qualification de roi puissant, puis les mots : *sa ilu Assur ilu* (que le dieu Assur, le dieu), probablement ici les dieux Nebo et Mérodach invoqués après le dieu Assur dans les inscriptions de Sargon.

Dans la troisième ligne, restent les mots : *zikir sumi su* (la mémoire, la renommée de son nom), puis le signe *iz* qui commençait probablement le verbe *izzuu*.

L'écriture est de la variété dite assyrienne, sans traces d'archaïsme. (Cette Notice nous a été obligeamment communiquée par le savant docteur Victor Revillout.)

723. — Plaque de mêmes dimensions dont on ne peut tirer que peu de chose. On distingue seulement le mot « avant moi ».

CYLINDRES

724. — Onyx (?). Au centre un génie ailé semble repousser deux gazelles (?) qui se dressent contre lui. Entre elles deux se voit un arbre. Haut. 0,03, diam. 0,01.

725. — Pierre noire dure. Une femme à longue chevelure est assise. Elle lève sa main vers un vase.

Derrière elle se distinguent : un serpent, un éléphant, trois traits recourbés par en haut, un signe replié et enfin un cerf (?). Haut. 0,02, diam. 0,018. Style étranger.

726. — Pierre noire dure. 1. Deux personnages adorent le disque. Celui de droite tient un objet à sa main. Il lève la jambe gauche qu'il pose sur un tabouret. 2. Deux lions se dressant l'un contre l'autre. Haut. 0,018, diam. 0,09.

727. — Pierre blanche ; 1. En haut le disque ailé. En dessous, deux animaux, des lions (?) détournent, la tête ; 2. Un arbre. Haut. 0,028, diam. 0,009. Fruste.

728. — Pierre noire dure. 1. Personnage regardant à droite. 2. Personnage mitré regardant à gauche, 3. Un personnage regardant à gauche lève la main vers le second personnage.

OBJETS ARABES

729. — Trois pièces paraissant avoir formé un porte-cierge. Style arabe.

730. — Tambour.

MEUBLES

731. — Grande vitrine en forme de bibliothèque à deux corps, en bois noir et filets de cuivre, à quatre parties vitrées.
Haut. 2,90. Larg, 1,50. Profond. 0,42.

732. — Autre vitrine analogue, et de mêmes dimensions que la précédente.

733. — Deux vitrines en longueur, en bois noir et filets de cuivre forme pupitre, montés sur pieds tournés.
Haut. 1 m. Long. 2. 45.

734. — Vitrine de milieu, de forme hexagonale, en bois noir, à six, compartiments, montée sur pieds.
Hauteur 1 m.

FIN

TABLE DES MATIÈRES

ANTIQUITÉS EGYPTIENNES

I. — Monuments historiques ....

II. — Monuments civils 4
Statues et statuettes 4
Socles de statuettes 6

III. — Objets ayant servi au culte, etc 7
Seaux à libations 7
Table d'offrandes, miroirs, barque, lampes, sistre, vase, paniers 10

IV — Objets funéraires 11
Boites de momies 11
Papyrus 17
Stèles 18
Coffrets funéraires 24
Statuettes funéraires en bois 27
Canopes 30
Statuettes funéraires (Ushebti). — Cônes 32
Scarabées 34

V. — Statues de dieux 37

VI. — Animaux 49

VII. — Objets en verre 56

VIII. — Objets divers 59

IX. — Inscriptions 60

ANTIQUITÉS GRECQUES

Bronzes.. 60
Marbres.. 61
Terres cuites.. 62
Vases.. 63
Lampes... 67
Intailles.. 68

ANTIQUITÉS ASSYRIENNES, etc.

Bas-reliefs.. 68
Inscriptions... 68
Cylindres.. 69
Objets arabes.. 69
Meubles.. 70

Paris. — Imprimerie Alcan-Lévy, 24, rue Chauchat.

Planche I. — Statue d'Anubis N° 1

Planche II. — Groupe d'Ahmès et de sa mère Ra-Bakit N° 2

Planche III. — Statue de Sibu N° 12

Planche IV. — Statue de Api N° 13

Planche V. — Statue de Pa-ari-ma N° 14

Planche VI. — Statue d'Anubis N° 252

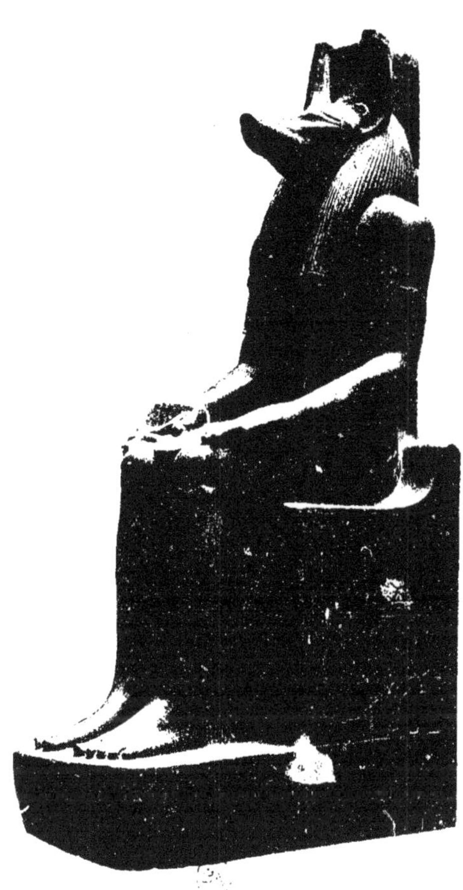

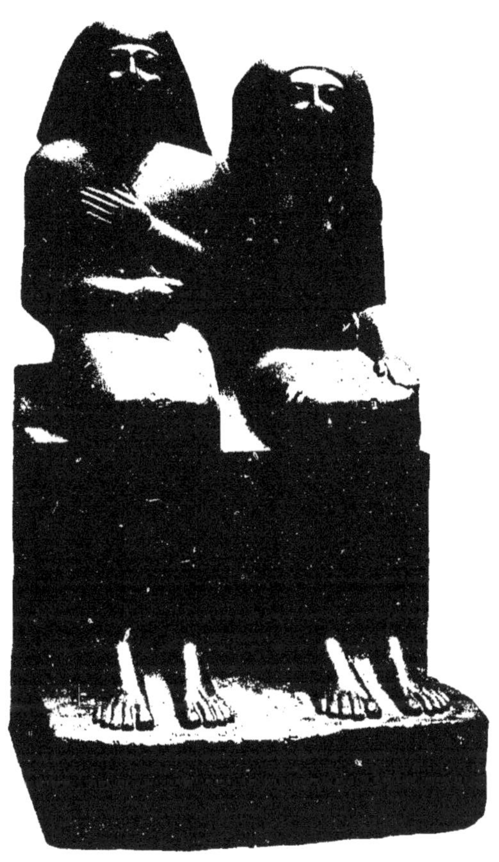

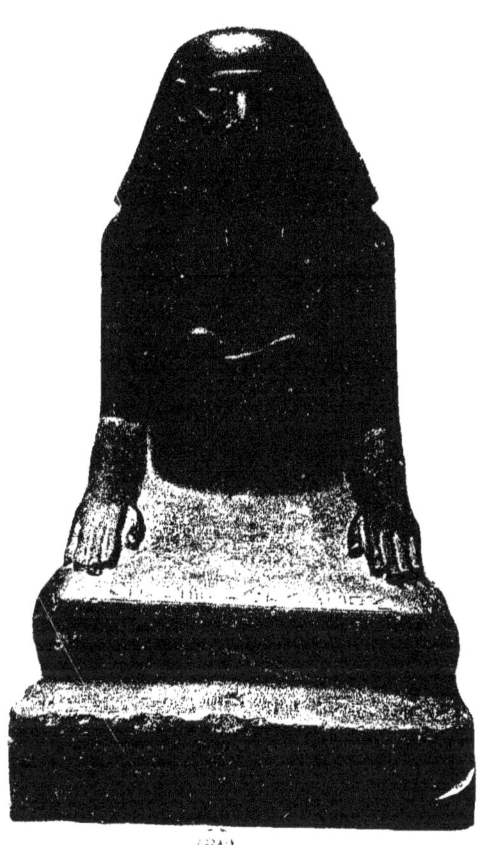

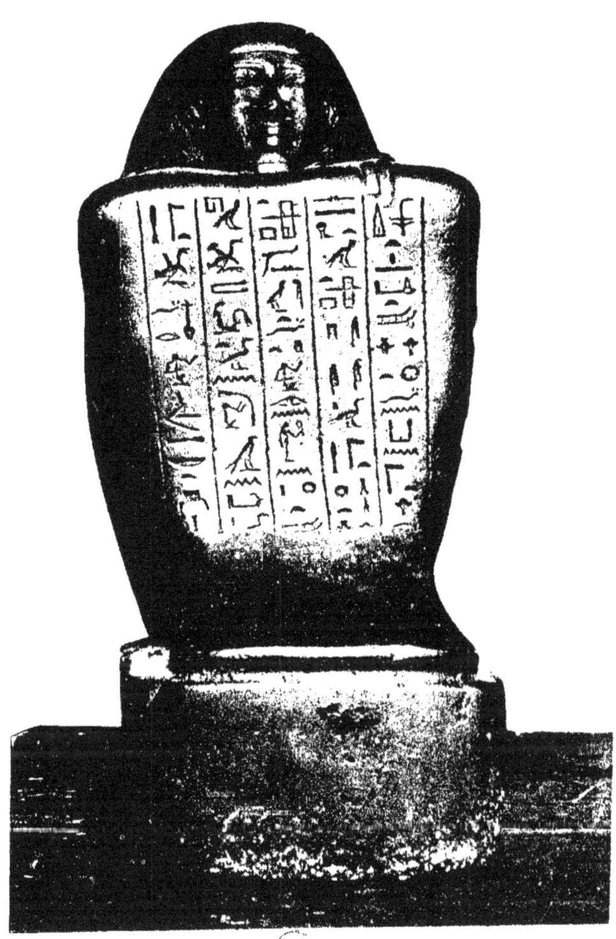

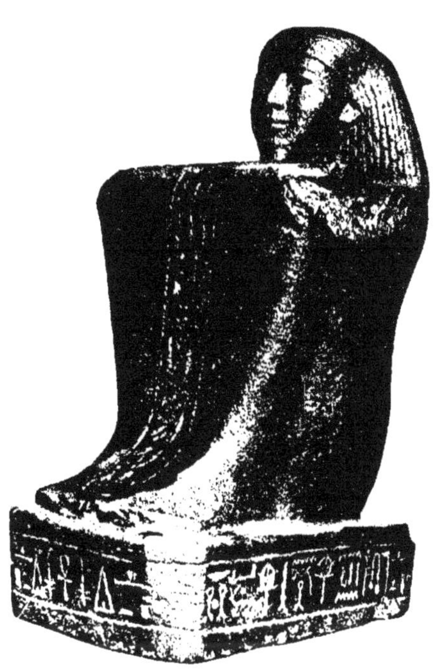

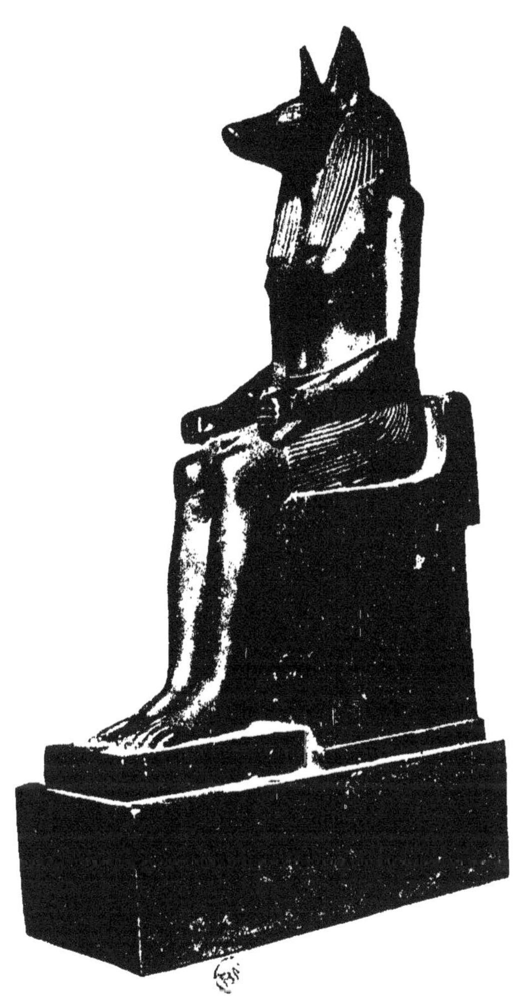

www.ingramcontent.com/pod-product-compliance
Ingram Content Group UK Ltd.
Pitfield, Milton Keynes, MK11 3LW, UK
UKHW021310190726
13839UKWH00007B/835

9 782329 542577